博士论文
出版项目

创新、社会责任与中国产品海外形象关系研究

The Effect of Innovation and Social Responsibility on Overseas Image of Chinese Products

张思雪　著

中国社会科学出版社

图书在版编目（CIP）数据

创新、社会责任与中国产品海外形象关系研究/张思雪著.—北京：中国社会科学出版社，2022.4

ISBN 978-7-5203-9714-8

Ⅰ.①创… Ⅱ.①张… Ⅲ.①产品形象—研究—中国 Ⅳ.①F273.2

中国版本图书馆CIP数据核字（2022）第023641号

出 版 人	赵剑英
责任编辑	程春雨
责任校对	吴英民
责任印制	王 超
出　　版	中国社会科学出版社
社　　址	北京鼓楼西大街甲158号
邮　　编	100720
网　　址	http://www.csspw.cn
发 行 部	010-84083685
门 市 部	010-84029450
经　　销	新华书店及其他书店
印　　刷	北京君升印刷有限公司
装　　订	廊坊市广阳区广增装订厂
版　　次	2022年4月第1版
印　　次	2022年4月第1次印刷
开　　本	710×1000 1/16
印　　张	13.25
字　　数	188千字
定　　价	78.00元

凡购买中国社会科学出版社图书，如有质量问题请与本社营销中心联系调换
电话：010-84083683
版权所有　侵权必究

出 版 说 明

为进一步加大对哲学社会科学领域青年人才扶持力度，促进优秀青年学者更快更好成长，国家社科基金 2019 年起设立博士论文出版项目，重点资助学术基础扎实、具有创新意识和发展潜力的青年学者。每年评选一次。2020 年经组织申报、专家评审、社会公示，评选出第二批博士论文项目。按照"统一标识、统一封面、统一版式、统一标准"的总体要求，现予出版，以飨读者。

全国哲学社会科学工作办公室

2021 年

摘　　要

创新和社会责任的承诺履行在新时代和新常态下，对于形成直击海外消费者心灵的产品形象起着至关重要的作用。作为内在驱动力量的创新是推动国家发展、社会进步和提升中国产品海外形象的不竭动力；而对传统企业边界提出更为严苛要求的社会责任则日渐成为中国产品"走出去"不可逾越的鸿沟和突围机遇。研究中国企业加快提升产品海外形象与发展国际知名品牌问题，是经济全球化、新技术革命和全球价值链体系迅猛发展的客观要求，也是中国企业抓住这历史性和现实性重大战略机遇与挑战，求生存、求发展的自身迫切需要。现今，看似中国的创新风潮正在引领着全球科技市场的变化，中国企业的社会责任正在赶超世界先进企业的步伐，然而，中国企业/产品在海外消费者心中的总体形象是否产生了传统"Made in China"以外的印象？

在这样的背景下，本书试图回答三个问题：（1）在全球市场上，产品海外形象提升的运行机制和概念模型如何，怎样在创新和社会责任两者之间进行权衡投资（或者说创新和社会责任哪个更重要）？（2）在新兴市场和海外发达国家市场中，创新和社会责任的重要程度是否有所区别、如何在两类市场上将有限的资源配置到能够获取最优收益的要素中？（3）在创新和社会责任近于标签化的背景下，如何实现以及提升创新和社会责任的变现能力？

基于此，本书首先探讨了提升产品海外形象的运行机制并形成概念模型。结合行为效应链和资金运作链这两条相互连接、相互渗透的链，以产品提供者和消费者之间的关系为表现形式，阐释产品海外形象提升的运行机理；在此基础上，识别机制的构成要素，形成创新和社会责任提升产品海外形象的概念模型。其次通过在全球市场、新兴市场和海外发达国家市场上的三个实证研究讨论创新和社会责任对于提升产品海外形象的不同程度的重要作用。最后通过第四个实证研究从企业—消费者识别度、消费者忠诚度和消费者持有的企业能力信念三个角度考察创新和社会责任的变现能力。

本书以海外消费者（华侨和外籍华人不在调查范围内）为调研对象，利用来自全球68个国家的6701份调查数据，使用多重中介模型和调节的中介效应模型分别分析了在全球市场、新兴市场和海外发达国家市场上的创新、社会责任与中国产品海外形象之间的关系，并探讨了创新和社会责任两者对形象提升的贡献程度是否具有显著差异；揭示了欲拓展海外市场的企业应将有限的资源投入哪个或哪些特定战略因素以获取资源的最优回报和最大收益；考察了创新和社会责任形成的知名度转化为品牌、转化为产品海外形象的变现能力，并分别探索了实现两者变现能力的最优路径。

本书研究结果具体有以下四个方面：

第一，在全球范围内，传统的产品"价廉多销"的海外形象战略思路需要拓展，单纯的物美价廉已不能满足海外消费者的当前需要，市场创新、技术创新与优良品质在提升中国产品海外形象方面起着至关重要的作用；与此同时，企业社会责任是新常态下提升中国产品海外形象战略设计中必须加入的新的关键要素，即需要发挥以质量为基础，以市场创新和技术创新的提升以及社会责任为保障的协同作用。

第二，新兴市场的实证研究结果表明，基于技术创新、市场创新和消费者感知的企业社会责任，对于提升中国产品在发展中国家的海外形象具有同等的作用。企业想要拓展发展中国家的海外市场，需要明确自己的定位，聚焦于创造显性的和潜在的消费者价值，理解购买者的整体价值链；新兴市场的信号告诉我们，尽管在领先用户中进行创新,满足消费者的企业慈善行为虽具有巨大投资风险,但这是提高产品形象的首选和必由之路。

第三,不同于新兴市场上创新与社会责任同等重要的实证结果,在海外发达国家市场提升中国产品形象,创新是比社会责任更为重要的优化路径;对于一个具有较高水平消费者卷入度的企业,形象提升的首选投入重点是市场创新,辅以技术创新;而当企业的消费者卷入度水平较低时,其投资重点则应在市场创新上。同时需要注意的是,尽管创新优于社会责任,但感知的企业社会责任仍然是显著的、不可忽略的,也是提升产品海外形象的重要战略因素。

第四,将创新、社会责任形成的知名度转化为品牌、产品海外形象,还需要惊险的一跳,即跨越商业变现这道鸿沟。实现创新变现能力的最佳路径是增强消费者对企业能力的信念,而提升社会责任变现能力的最佳路径是提高企业—消费者的识别度。

关键词:市场创新;技术创新;社会责任;产品海外形象

Abstract

The impact of tech-based innovation and social responsibility on business and society, even on the world, has never been more significant. Innovation and social responsibility initiatives are becoming the norm for most companies in developed countries. This also applies to Chinese firms. What is the overseas image of Chinese products? How can a Chinese firm enhance their overseas image under this new normal? In terms of Innovation (tech-based and market-based innovation) and Social Responsibility (perceived corporate social responsibility, CSR), which one is more important to improve overseas image of Chinese products? Is there a significant difference between how developing countries and developed countries view Innovation and Social Responsibility? More importantly, how does a firm realize these two intangible assets? The transformation from tech-based innovation and social responsibility to brand and/or product image is separated by a giant chasm of liquidity.

This empirical study conducted a survey from 68 countries and 6701 foreign consumers. This is a rare dataset in survey research, which might produce several promising results. Based on the dataset, the status quo of overseas image of Chinese products was simulated, existing problems were analyzed, and the transmission mechanism was explored. Next, this study examines the primary paths and implementation framework for consumer-company relationships, in particular, exchanging and discussing the choice between innovation and social responsibility activities in different regions, comparing the performance of overseas image of Chinese products, enhancing our efforts on tech-based innovation and CSR, research and development and perceived CSR, and discovering the optimum paths to improving overseas image of products from both tech-based innovation and social responsibility, respectively. Structural Equation Modeling (SEM) was used in data analyses. The conclusions of the study are as follows.

First, the results of empirical study on global markets or worldwide consumers overseas show that innovation, perceived quality of products, green trust, and perceived CSR are the primary path and strategic focus to improve Chinese products' image overseas. We also found that both market-based innovation and technology-based innovation, as well as products' quality, play an important role in improving image. The traditional low cost leader strategy used by Chinese firms needs revision. Moreover, CSR is a new key benefit which must be added to improve overseas image of Chinese products' strategy.

Second, we found that overseas image of Chinese products was significantly associated with consumer orientation in emerging markets. In addition, technology-based innovation and market-based innovation partially mediated the relationships between consumer orientation and overseas product image. Furthermore, perceived CSR was also an important specific mediator. We also found that these three mediators had the same important role in improving image of Chinese products in developing countries, which was different from our conclusion that innovation was more beneficial to CSR in other regions. This illustrates a direct and important strategic and practical significance for implementing "go global" strategies in developing countries.

Third, in a developed-market economy, we found that market-based innovation, tech-based innovation, and perceived CSR mediated the relationship between market relationships and overseas products' image, respectively. In addition, consumer involvement moderated the strength of the mediated relationships between market relationships and overseas products image via tech-based innovation. We also found that innovations were more beneficial to social responsibility in improving overseas products' image in developed countries, which was different from the conclusion that these two played the same important role in emerging market. Furthermore, as for the enterprises related to a low consumer involvement, the first step for improving image is focusing on market-based innovation. The next step is tech-based innovation. Enterprises with high consumer involvement should switch to market-innovation. Moreover, even though innovation was more beneficial to social responsibility, perceived CSR still was the key benefit which could improve overseas products image.

Finally, this paper examines corporate liquidity from three factors: customer-company identity, consumer loyalty, and corporate ability beliefs. We found that innovation and CSR were significantly associated with the overseas image of products, respectively. In addition, liquidity mediated both relationships between (1) innovation and overseas image of products and (2) CSR and overseas image of products. Furthermore, consumer involvement moderated the strength of the mediated relationships between innovation and CSR with overseas image of products via liquidity, such that the mediated relationship will be stronger under high consumer involvement than under low consumer involvement. We also found that corporate ability beliefs were the best path to liquidated innovation. Customer-company identity was the best path to liquidated CSR.

Key Words: Market-based innovation; Tech-based innovation; Social responsibility; Overseas image of products

目　　录

第一章　绪论 …………………………………………………（1）
　第一节　选题背景与研究意义 …………………………………（1）
　　一　选题背景 ……………………………………………………（1）
　　二　研究意义 ……………………………………………………（4）
　第二节　研究目标与研究内容 …………………………………（6）
　　一　研究目标 ……………………………………………………（6）
　　二　研究内容 ……………………………………………………（7）
　第三节　研究思路、方法与技术路线 …………………………（9）
　　一　研究思路 ……………………………………………………（9）
　　二　研究方法 ……………………………………………………（10）
　　三　技术路线 ……………………………………………………（15）
　第四节　创新之处 ………………………………………………（19）

第二章　理论基础与文献综述 …………………………………（22）
　第一节　产品海外形象的概念和界定 …………………………（22）
　第二节　产品形象、品牌形象与国家形象理论演化综述 ……（24）
　　一　产品形象理论演化 …………………………………………（24）
　　二　品牌形象与品牌资产理论演化 ……………………………（26）
　　三　国家形象理论演化 …………………………………………（31）
　第三节　创新的推动作用 ………………………………………（37）
　　一　技术创新的研究现状 ………………………………………（38）

二　市场创新的研究与绩效……………………………………（41）
　第四节　企业社会责任承诺的履行…………………………………（45）
　　一　企业履行社会责任的内部组织属性……………………………（45）
　　二　企业履行社会责任的外部环境特征……………………………（47）
　第五节　简略的评述…………………………………………………（50）
　　一　关于形象理论演化的评述………………………………………（50）
　　二　国内外研究现状与发展动态的评述……………………………（51）
　　三　有待研究的问题…………………………………………………（53）

第三章　产品海外形象提升的理论框架与数据准备……………（55）
　第一节　提升产品海外形象的运行机制……………………………（55）
　　一　运行机理的分析…………………………………………………（55）
　　二　概念模型的形成…………………………………………………（57）
　第二节　提升产品海外形象的理论框架……………………………（59）
　　一　全球市场的研究框架与理论模型………………………………（59）
　　二　新兴市场的研究框架与理论模型………………………………（60）
　　三　海外发达国家市场的研究框架与理论模型……………………（62）
　　四　变现能力的研究框架与理论模型………………………………（65）
　第三节　问卷设计与样本分析………………………………………（68）
　　一　调查问卷的设计…………………………………………………（68）
　　二　变量与测量………………………………………………………（69）
　　三　样本的描述性统计………………………………………………（73）
　　四　创新、社会责任与产品海外形象的现状和问题………………（76）

**第四章　全球市场下创新与社会责任提升产品海外
　　　　　形象的实证分析**………………………………………………（83）
　第一节　研究背景……………………………………………………（83）
　第二节　理论基础与研究假设………………………………………（85）
　　一　市场导向与产品海外形象………………………………………（85）
　　二　创新、责任和品质的中介作用…………………………………（85）

第三节 实证分析与结果……………………………………(87)
    一 信度和效度分析……………………………………(87)
    二 多重中介效应分析…………………………………(90)
  第四节 全球市场对策……………………………………(92)

第五章 新兴市场内创新与社会责任提升产品海外形象的实证分析……………………………………(95)
  第一节 研究背景…………………………………………(95)
  第二节 理论基础与研究假设……………………………(97)
    一 消费者定位与产品海外形象………………………(97)
    二 创新的中介效应……………………………………(97)
    三 消费者感知的企业社会责任的中介效应…………(98)
  第三节 实证分析与结果…………………………………(99)
    一 信度和效度分析……………………………………(99)
    二 多重中介效应分析…………………………………(102)
  第四节 新兴市场对策建议………………………………(105)

第六章 创新与社会责任提升海外发达国家市场产品形象的实证分析…………………………………(107)
  第一节 研究背景…………………………………………(107)
  第二节 理论基础与研究假设……………………………(109)
    一 市场关系与产品海外形象…………………………(109)
    二 创新和社会责任的中介作用………………………(110)
    三 消费者卷入度的调节效应…………………………(112)
  第三节 实证分析与结果…………………………………(114)
    一 信度和效度检验……………………………………(114)
    二 多重中介效应分析…………………………………(116)
    三 调节效应分析………………………………………(120)
  第四节 海外发达国家市场对策…………………………(123)

第七章 创新与社会责任转化为产品海外形象的变现能力实证分析 ………………………………………… (126)

- 第一节 研究背景 ……………………………………… (126)
- 第二节 变现能力的界定 ……………………………… (127)
- 第三节 理论基础与研究假设 ………………………… (129)
  - 一 创新、社会责任与产品海外形象 ……………… (129)
  - 二 创新、社会责任与变现能力 …………………… (129)
  - 三 变现能力与产品海外形象 ……………………… (130)
  - 四 消费者卷入度的调节效应 ……………………… (131)
- 第四节 实证分析与结果 ……………………………… (133)
  - 一 信度和效度检验 ………………………………… (133)
  - 二 中介效应分析 …………………………………… (135)
  - 三 调节效应分析 …………………………………… (138)
- 第五节 理论贡献与管理启示 ………………………… (141)
  - 一 理论贡献 ………………………………………… (141)
  - 二 管理启示 ………………………………………… (142)

第八章 研究结论、启示与展望 ………………………… (144)

- 第一节 研究结论 ……………………………………… (144)
- 第二节 主要管理启示 ………………………………… (147)
- 第三节 研究局限与未来研究方向 …………………… (153)

附录 调查问卷的变量与测量 ………………………… (155)

参考文献 ………………………………………………… (159)

索 引 …………………………………………………… (185)

后 记 …………………………………………………… (189)

Contents

Chapter 1　Introduction ··· (1)

　Section 1　Contexts and Significance of the Study ···················· (1)

　　1. Contexts ··· (1)

　　2. Research Significance ··· (4)

　Section 2　Objectives and Contents of the Study ····················· (6)

　　1. Objectives ··· (6)

　　2. Contents ··· (7)

　Section 3　Logic, Methods and Technical Road Map ················ (9)

　　1. Logic ·· (9)

　　2. Methods ·· (10)

　　3. Technical Road Map ··· (15)

　Section 4　Contributions ··· (19)

Chapter 2　Theory Foundation and Literature Review ·········· (22)

　Section 1　Concepts of Overseas Image of Products ················ (22)

　Section 2　Products Image, Brand Image and Country Image ······ (24)

　　1. Products Image ·· (24)

　　2. Brand Image and Brand Equity ···································· (26)

　　3. Country Image ·· (31)

　Section 3　Innovation ·· (37)

　　1. Tech-based Innovation ··· (38)

  2. Market-based Innovation …… (41)
 Section 4 Corporate Social Responsibility …… (45)
  1. Internal Organizational Attributes …… (45)
  2. External Environmental Characteristics …… (47)
 Section 5 A Brief Review …… (50)
  1. Image Related …… (50)
  2. Dynamics …… (51)
  3. Further Study …… (53)

Chapter 3 Theory Frameworks and Data Collection …… (55)
 Section 1 Mechanism …… (55)
  1. Operational Mechanism …… (55)
  2. Conceptual Model …… (57)
 Section 2 Theory Frameworks …… (59)
  1. Framework in Worldwide Market …… (59)
  2. Framework in the Emerging Market …… (60)
  3. Framework in Developed-market Economy …… (62)
  4. Framework of Corporate Liquidity …… (65)
 Section 3 Survey and Sample …… (68)
  1. Survey Design …… (68)
  2. Measures …… (69)
  3. Demographic Statistics …… (73)
  4. Status Quo and Problems …… (76)

Chapter 4 The Effect of Innovation and Social Responsibility on Overseas Image of Products in Worldwide Market …… (83)
 Section 1 Background …… (83)
 Section 2 Hypotheses Development …… (85)

1. Market Orientation and Overseas Image of Products ……… (85)
2. The Mediating Effects of Innovation, Responsibility and Quality …………………………………………… (85)
Section 3　Results ……………………………………………… (87)
1. Reliability and Validity ……………………………………… (87)
2. Multiple-mediator Model ………………………………… (90)
Section 4　Conclusions ………………………………………… (92)

Chapter 5　The Effect of Innovation and Social Responsibility on Overseas Image of Products in the Emerging Market …………………………………………… (95)

Section 1　Background ………………………………………… (95)
Section 2　Hypotheses Development ………………………… (97)
1. Consumer Orientation and Overseas Image of Products …… (97)
2. The Mediating Effects of Innovation …………………… (97)
3. The Mediating Effects of Perceived Corporate Social Responsibility ……………………………………………… (98)
Section 3　Results ……………………………………………… (99)
1. Reliability and Validity ……………………………………… (99)
2. Multiple-mediator Model ………………………………… (102)
Section 4　Conclusions ………………………………………… (105)

Chapter 6　The Effect of Innovation and Social Responsibility on Overseas Image of Products in the Developed-market Economy …………………… (107)

Section 1　Background ………………………………………… (107)
Section 2　Hypotheses Development ………………………… (109)
1. Market Relationships and Overseas Image of Products …… (109)

  2. The Mediating Effect of Innovation and Perceived Coporate Social Responsibility ……………………………………………… (110)

  3. The Moderating Effect of Consumer Involvement ……… (112)

 Section 3 Results ……………………………………………… (114)

  1. Reliability and Validity ………………………………… (114)

  2. Multiple-mediator Model ……………………………… (116)

  3. Moderated Mediation …………………………………… (120)

 Section 4 Conclusions ………………………………………… (123)

Chapter 7 Liquidity of Tech-based Innovation and Social Responsibility ……………………………………… (126)

 Section 1 Background ………………………………………… (126)

 Section 2 Concept of Liquidity ……………………………… (127)

 Section 3 Hypotheses Development ………………………… (129)

  1. Innovation, Social Responsibility and Overseas Image of Products …………………………………………… (129)

  2. Innovation, Social Responsibility and Liquidity ………… (129)

  3. Liquidity and Overseas Image of Prodncts ……………… (130)

  4. The Moderating Effects of Consumer Involvement ……… (131)

 Section 4 Results ……………………………………………… (133)

  1. Reliability and Validity ………………………………… (133)

  2. Multiple-mediator Model ……………………………… (135)

  3. Moderated Mediation …………………………………… (138)

 Section 5 Theoretical Contributions and Management Implications ………………………………………… (141)

  1. Theoretical Contributions ……………………………… (141)

  2. Management Implications ……………………………… (142)

Chapter 8 Conclusions, Management Implications,
　　　　　Limitations and Further Study ········· (144)
　Section 1　Conclusions ··················· (144)
　Section 2　Management Implications ············ (147)
　Section 3　Limitations and Further Study ·········· (153)

Appendix Survey and Measures ················ (155)

References ·························· (159)

Index ···························· (185)

Postscript ·························· (189)

第 一 章
绪　　论

第一节　选题背景与研究意义

一　选题背景

（一）全球经济已进入产品海外形象及国际知名品牌竞争新时代

从全球范围来看，一国的品牌和产品海外形象集成了质量、技术、管理、服务、文化、诚信和社会责任等综合能力，已经成为一种新的战略资源，是企业打造全球核心竞争力的重要指标。可以说，谁拥有了国际知名品牌和良好的产品海外形象，谁就占领了国际市场的制高点。据调查，在经济迅猛发展和全球化的今天，国际知名产品及其品牌企业已明显拥有较大的全球市场份额。目前，40%的国际市场份额被只占3%的品牌企业所拥有的国际知名产品占据；与此同时，在国际产业价值链中，70%的价值来自国际知名产品及其品牌企业的自主研发及销售环境，而生产环节创造的增加值仅占10%。例如，我国义乌生产的一般品牌的拉链产品，每条仅卖0.7元人民币，而日本生产YKK国际名牌拉链产品，每条却卖到15美元，两者相差140多倍。可见，国际知名产品及其品牌不仅是"宝"，更是企业的"命"；特别是随着经济全球化和新经济的迅猛发展，国际市场竞争进入了产品与品牌竞争时代。一个国家产品及其品牌海外形象是否强盛，拥有多少国际知名产品及其品牌，已成为衡量该国是否具备经济实力和国际竞争力的重要标志。对一个企业、一个民族、一个国家来说，产品及其品牌的海外形象至关重要，它往往意味着世界各国消费者对这个企业和这个国家的信任和信心。

（二）新时代、新常态下提升产品海外形象面临历史性的战略机遇和挑战

作为内在驱动力量的创新是推动国家发展、社会进步和提升中国产品海外形象的不竭动力。当今世界各国的竞争，实际上是创新的竞争。在党的十九大上，党中央依旧坚持实施创新驱动发展战略，持续将蕴藏在亿万民众中的创造力发挥出来。而中国产品海外形象的提升也要充分培育、引进更多创新型人才，围绕创新发展，从本质上发挥大众的创造力和创新的驱动作用。面对新一轮科技革命的兴起，以及国际经济政治形势的微妙变化，创新的驱动发展要全面贯彻落实在企业和大众的行动中，在促进经济保持中高速增长，跨越"中等收入陷阱"，实现中国产品海外形象提升的征程中担负起更大的责任、发挥重要的支撑作用；与此同时，当前世界经济增长乏力，各种不确定因素增多，中国经济也处在深度结构调整和改革当中。我们在稳定增长的同时，着力推进供给侧结构性改革，深入实施创新驱动发展战略，以此为契机，形成与国际上的产品形象战略高度契合的创新驱动形象提升战略，加强战略对接和创新引领，进一步发挥技术创新和市场创新对中国产品海外形象提升的关键作用。

对传统企业边界提出更为严苛要求的社会责任日渐成为中国产品"走出去"不可逾越的鸿沟和突围机遇。党的十九大做出判断，"我国社会主要矛盾已经转化为人民日益增长的美好生活需要和不平衡不充分的发展之间的矛盾"（习近平，2017），无论是主要矛盾的人民需求还是社会生产，都已经不仅仅是经济发展的领域，这里的人民的"美好生活"已经扩展到了"非物质"需求，如绿色环境、

公平、安全和法制等，可见，我国已经将企业需要履行的社会责任提上了重要议程；联合国于1999年发起全球契约，国际标准化组织于2010年正式发布《社会责任国际标准ISO26000》，海外消费者也开始不断思考自身购买行为所带来的环境和社会影响，在消费上更加精明且采取了"少即多"的态度，迫使中国产品同样面临道德选择和复杂的权衡。现在比以往任何时候都需要更全面的思考，使用创造性双赢方法来平衡相互冲突的需求，创造并传播产品和服务的真正价值。新时代和新常态下中国经济的发展，以及世界经济需求增长的大调整和大转换对中国提升产品海外形象形成新的倒逼推动机制，发达国家通过企业社会责任、劳工标准等手段实行贸易保护，中国企业面对的贸易壁垒和贸易摩擦有所增加。据商务部发布，2015年欧盟对中国发布的外商投资、知识产权、动植物卫生检测、政府采购、自主信息安全技术、化妆品和健康市场准入六方面贸易壁垒事件较为集中。2011年仅美国就对中国企业出口产品发起17起"337条款"调查，主要涉及电子信息与设备制造产品领域。未来一段时期，世界各国围绕市场、品牌、资源和技术等方面的竞争更趋激烈，世界经济和消费者对社会责任、绿色发展的严苛要求对传统的企业边界形成了新的冲击和考验，企业对社会责任承诺的履行已经成为中国产品形成全新良好海外形象不可避免的战略因素。可以说，中国提升产品海外形象与发展国际知名品牌面临严峻的国际挑战。

综上所述，通过创新和社会责任加快提升中国企业产品海外形象与发展国际知名品牌，是新技术革命、经济全球化和供给侧改革迅猛发展的客观要求，是实现新时代、新常态下我国国民经济战略调整、构建以自主创新为主体的国家创新体系和实施"走出去"战略的强烈要求，是党和国家"十四五"规划国民经济发展战略的重要组成部分，也是中国企业自身抓住这历史性重大战略机遇与挑战、求生存、求发展的迫切需要。

二 研究意义

依据上述研究背景所展现的重大历史性和现实性机遇与挑战，本书的研究将产生以下四个方面的学术价值和现实意义。

（一）丰富和深化创新与社会责任提升中国产品海外形象的理论体系

构建中国企业加快提升产品海外形象的战略理论与战略系统，探索通过创新驱动战略和履行企业社会责任提升中国产品海外形象的战略重点定位与路径选择，建立与完善在不同地区、不同经济发展程度市场提升产品海外形象的培育体系、保护体系与促进体系等内容。把中国企业提升产品海外形象战略规划设计为一个庞大复杂的系统工程，对战略使命与目标体系的设计、战略思路的转换、不同地区战术实施的比较与借鉴、战略模式创新、战略重点选择与路径优化、战略促进与保护体系的健全和完善等子系统的深入探索，可以丰富与深化全球营销学、国际品牌学、企业战略学和跨国公司理论；同时将创新、社会责任和产品海外形象三者纳入一个理论框架，这不仅突破了针对单一方向进行分析的传统方法的局限，而且在一定程度上扩大了研究视野，丰富和深化了理论内涵，拓宽了原有产品形象理论的边界，充分发挥跨学科理论分析研究模式的交叉优势。

（二）提升我国企业自主创新能力、推动创新驱动发展战略

随着产品海外形象与品牌经济的迅猛发展，过去单纯依靠数量扩张和低成本竞争的产业和产品发展模式遭遇了越来越严峻的挑战，也就是说，"高投入、高消耗、高排放、低效率"的粗放型增长模式已经不能适应现今的高质量发展，而作为一种新的战略资源的产品海外形象与国际知名品牌，集成了质量、技术、管理、服务、文化、诚信和社会责任等能力，成为提升企业国际竞争力和产业升级的重

要指标和具体体现。谁拥有众多世界知名产品与品牌，谁就可以占领海外新兴和发达国家市场的制高点，占据更多国际市场份额。因此，抓住企业国际知名品牌发展战略这个"牛鼻子"，有利于推动我国企业自主创新和技术成果的产业化；有利于带动产业结构的调整优化；有利于促进我国有限资源要素向优势企业优势领域集中；有利于提升我国企业"走出去"的自主创新能力；有利于将我国的创新驱动发展战略落到实处。

（三）调节新时代、新常态下经济效益和社会责任矛盾，增强我国企业国际竞争力

随着经济全球化进程的不断加快，国际经济竞争愈加激烈，国际社会和海外消费者对企业组织治理、公平运行、人权、劳动实践、环境保护、社区参与和发展等问题的关注日益提升，获得经济效益和履行企业社会责任之间的矛盾也日益突出，一国的经济实力和国际竞争力集中体现在满足国际企业社会责任的前提下，拥有较强国际竞争力的自主知名产品及优势企业。目前世界上最具价值的100强品牌和100强跨国公司绝大部分集中在发达国家，这些品牌和跨国公司对履行企业社会责任的信息披露更加充分、更加透明。据联合国工业计划署统计，世界级产品品牌占全球产品品牌不到万分之一，销售额却占到全球市场的50%。在世界知名的8.5万种产品品牌中，发达国家和新兴工业化国家占有90%以上，处于绝对垄断地位。中国拥有的国际知名产品品牌却寥寥无几。更为重要的是，国外知名产品品牌大量涌入中国，凭借其经营和管理的优势，使国内许多企业成为它的贴牌生产加工厂和加盟商。我国当前这种企业发展模式，一方面造成许多企业在全球价值链最底端进行竞争，大量消耗资源，赚取微薄的加工费，无暇顾及企业社会责任；另一方面造成国际贸易摩擦和反倾销诉讼。在当今经济全球化条件下要改变这种状况，中国只有大力寻求缓解经济效益和社会责任矛盾的突破口，提升产品海外形象与发展国际知名品牌。

（四）促进我国出口产品结构转型升级，落实"中国制造2025"，塑造企业良好国际形象

目前，就我国出口产品而言，很多产品的附加值低、科技含量也不高，具有知识产权和品牌效应的产品更少。一方面我国纺织品、服装、鞋、箱包、玩具、家具等传统优势产品主要是依靠劳动力比较优势；尽管高新技术产品和机电产品占总出口产品的比重已分别达到35%、60%以上，但大多数是以加工贸易为主。另一方面，全球品牌消费和产品形象的时代已经到来，海外市场竞争的重点已经由过去单一的产品价格竞争向包括技术、质量、服务、文化和社会责任等在内的全球产品形象与国际知名品牌竞争。这种新的变化趋势，要求中国企业必须促进出口产品结构转型升级，提升中国产品海外形象，在保持现有出口产品竞争优势的基础上，加快培育以品牌、技术、服务、质量和责任承诺为核心竞争力的新优势，实现由"中国制造"向"中国创造"的跨越，提升我国产品在全球产业分工中的地位；延长加工贸易国内增值链，推动加工贸易从组装加工向研发、设计、核心元器件制造、物流等产品高附加值环节升级；加快培育具备自主创新能力、具有履行企业社会责任能力的国际知名产品与品牌，打造品牌大国乃至品牌强国，抢占全球市场。所以，通过创新驱动和履行社会责任、提升产品海外形象与创建国际知名品牌是企业的迫切需要，对于像中国这样的发展中大国来说，尤其如此；这也是我国落实"中国制造2025"，塑造企业良好国际形象的必由之路。

第二节 研究目标与研究内容

一 研究目标

本书研究的总目标为：深入分析创新、社会责任提升中国产品海外形象的运行机理，剖析两者在新兴市场/发展中国家，海外发达

国家市场和在全球范围内的重要性差异，探索不同区域的不同战略重点和战术选择，以及将创新与社会责任形成的知名度转化为产品海外形象，跨越商业变现这道鸿沟的具体路径等，具体目标如下。

（1）将创新驱动和社会责任履行作为中国产品在新常态下"走出去"的重要方向，考察其在不同地区的重要程度差异，以及转化为品牌、正向产品形象的能力，为搭建一个提升产品海外形象的理论体系框架提供指导和新思路。

（2）试图剖析全球范围内产品品质、创新和社会责任在提升产品海外形象的重要性方面存在的显著差别，为企业有限资源重点投资于哪个或哪些要素能够更好地发挥效用提供实践指导。

（3）试图探索创新和社会责任在不同经济发展程度的市场上，是否对产品海外形象的提升具有不同程度的影响；分别探寻在新兴市场和海外发达国家市场上，技术创新、市场创新和企业社会责任是提升中国产品海外形象的有效模式，为中国提升产品海外形象的实践提供理论依据和决策支持；为产品在两种市场上的不同海外形象提升战略和具体战术实施提供理论依据和决策支持。

（4）探索创新、社会责任对中国产品海外形象提升的作用机制，掌握将创新技术和社会责任进行商业变现的能力，了解技术创新落地和履行企业社会责任的效果，为实现经济效益和成本投入、责任履行之间的良性互动提供理论指导和实施方案，为跨越产品知名度到品牌这道商业变现的鸿沟提供切实可行的方法论指导。

二 研究内容

在深入综述国内外相关研究进展和理论分析的基础上，通过分析创新与社会责任提升产品海外形象的必要性、迫切性，本书第三章探讨了提升产品海外形象的运行机制、概念模型和理论框架。结合两条相互连接、相互渗透的链（行为效应链和资金运作链），以产品提供者和消费者之间的关系为表现形式，阐释产品海外形象提升的运行机理；识别机制的构成要素，形成创新和社会责任提升产海外形象的概念模型。在此基础上，构建在全球市场、新兴市场和海外发达国家市场提升产品海外形象的研究框架和理论模型，以及创新和社会责任变现能力的理论框架。依据这个理论基础，展开了针对全球海外消费者的问卷调查。此次调查是目前国内关于产品海外形象的研究中，收集样本最多、分布区域最广、涵盖国家最多的一次，使用来自全球 68 个国家 6701 个海外消费者的样本数据，说明中国产品在海外消费者心目中的具体形象和实际状况，相比国内消费者数据或地区级消费数据，分析出的主要问题和得出的研究结论更加全面、真实、可靠；同时在本章中分析了这份数据的基本描述性统计情况，描述了当今中国产品海外形象的现实状态，分析了其存在的主要问题，为后续的实证分析提供方向、奠定基础。

第四章在全球范围内研究创新、社会责任与产品海外形象的关系，探讨创新与社会责任对于提升产品海外形象的重要性差别，即创新和社会责任哪个更为重要，企业的有限资源应重点投资于哪个或哪些要素才能更好地发挥效用以及如何提升海外消费者心中的产品形象和企业形象。

第五章使用了来自新兴市场/发展中国家海外消费者的问卷调查数据，建立了创新与社会责任提升产品海外形象的多重中介模型，试图通过数据反映两者的真实关系，说明创新和企业社会责任在提升产品海外形象方面的重要性差别，同时分析技术创新和市场创新对产品海外形象的提升是否也会有不同程度的作用。中国企业是否应该决定在企业社会责任中扮演一个更积极的战略性角色，小心地审视目标海外市场消费者的信仰以及应该如何对待其社区和环境。这些企业如何接受挑战并针对可持续性需求来加速创新，已经成为深入研究发展中国家消费者对中国产品形成积极印象的关键因素，成为剖析中国产品在海外形象提升的形成机制和主要路径。

第六章使用来自 26 个发达国家 976 份海外消费者的问卷调查样本，建立了创新与社会责任提升产品海外形象的多重中介模型和调节的中介效应模型，试图在当前创新风靡、市场对社会责任提出更为严苛要求的背景下，通过数据反映市场创新、技术创新、社会责任与产品海外形象之间的真实关系，说明创新和感知的企业社会责任在提升海外发达国家市场的产品形象方面存在重要性上的显著差异。同时探讨了当消费者卷入度水平不同时，创新主导型企业应采取的最优战略路径，即在消费者时间和注意力越来越紧缺的当下，企业应将有限的资源和资本投入哪些方面才能以最有效、最优的方式提升发达国家市场消费者对产品的印象。

第七章以来自全球 68 个国家 2992 份海外消费者的有效问卷为样本，通过企业—消费者识别度、消费者的忠诚度和其对企业能力的信念三个角度考察企业对创新和社会责任的变现能力，分析企业提升自身变现能力的手段和方法，探索提升创新和企业社会责任两者变现能力的最佳路径，探讨企业将创新和社会责任转化为产品海外形象、转化为品牌时跨越商业变现鸿沟的途径和方法；与此同时，这一章讨论了不同的消费者卷入度水平是否会对创新和社会责任的变现能力产生影响，企业能否借助消费者高低不同的卷入程度选择不同的战略重点和最优路径，以最大化地发挥有限资源的利用效率，最大限度地提高创新和社会责任的变现能力，更有效地提升产品的海外形象。

最后，总结本书的主要研究结论，得出创新和社会责任提升产品海外形象五大路径的优化路径，分析不同产品类型应该采用的不同主导路径，同时分析新时代下政府在提升产品海外形象方面的功能与作用，以及本书研究存在的不足和进一步的研究方向。

第三节 研究思路、方法与技术路线

一 研究思路

本书拟采用"研究背景与研究对象确定→文献综述与问题提出→运行机制分析和理论框架构建→问卷设计与数据准备→实证分

析→结论与对策"的研究思路。(1) 在新常态背景下，国内外经济社会环境的新变化与新形势已对企业的技术创新能力、市场创新能力和社会责任承诺的履行提出了更高、更强烈的要求，当前和未来时期是中国产品走出去和中国品牌资产积累的关键与攻坚时期；(2) 文献研究阶段定向检索整理重要的国内外相关文献，广泛地进行国际比较和深度研读，剖析有待深入研究的问题，同时为后续研究奠定坚实的文献基础；(3) 厘清提升中国产品海外形象的逻辑结构，包括影响要素的识别、运行机理的分析，最终形成概念模型；并以此概念模型为基础，构建全球范围内、新兴市场和海外发达国家市场下提升产品海外形象的理论框架以及创新和社会责任变现能力的理论框架；(4) 在明确提升中国产品海外形象的关键影响因素、研究框架和理论模型的基础上，设计双语问卷，针对全球68个国家的海外消费者进行问卷发放，并对问卷进行回收、整理、录入、甄选和描述性统计，分析中国产品海外形象的现状及存在的主要问题；(5) 以第三章的理论框架为基础，实证分析创新与社会责任在全球范围内对产品海外形象的影响，同时梳理不同地域（新兴市场和发达国家）创新与社会责任起到的不同程度的作用，剖析在不同地区践行产品海外形象提升战略的不同策略重点；(6) 分析创新与社会责任的变现能力，探索跨越产品知名度转化为品牌、海外形象这道商业变现鸿沟的有效路径，考察产品海外形象转化为品牌的能力和效果。从政策层面和管理层面提出切实可行的对策建议，对中国企业走出去和实施全球化战略具有重要的现实意义和战略作用。

二 研究方法

(1) 文献演绎法。文献演绎法的主要目的是对国内外提升产品形象的文献进行收集与整理，提炼出相关的研究范式与研究方法，通过对总结出来的理论基础、研究成果、研究方法与范式进行分析，选择本书的研究视角、研究思路以及研究方法等。具体来说，本书拟运用文献演绎法重点研究以下内容：①国内外关于形象理论的研究，包括产品形象理论、品牌形象理论、企业形象理论、国家形象理论以及品牌资产理论等；②国内外创新与社会责任对产品海外形象影响的研究。当然，其他研究内容均在现有文献的基础上，同时运用历史分析、情景分析以及辩证分析的方法，通过调查问卷数据的分析与验证，考察所掌握的理论基础、研究成果以及方法的适用性问题。

（2）理论建模分析法。本书在文献分析与研究的基础上，选择产品形象理论解释提升产品海外形象的运行机理，构建理论模型，为深入开展问卷调查等研究指明方向。理论建模的具体步骤包括：①掌握影响产品海外形象的关键因素；②剖析各种关键影响因素间的关系机理；③构建具体研究问题（创新与社会责任如何提升产品海外形象）的理论分析模型；④运用理论模型分析不同区域创新与社会责任对产品海外形象的不同影响，剖析创新、社会责任转化为产品海外形象的变现能力问题。

（3）信息研究与问卷调查法。通过综述信息和剖析有待深入研究的问题，分析提升产品海外形象的运行机制，构建理论框架，通过创新和社会责任对产品海外形象的影响关系，分析在全球范围内、新兴市场和海外发达国家市场提升产品海外形象的不同路径和战略重点。通过对市场创新、技术创新、企业社会责任等信息的收集、传递、加工和整理，研究其在不同经济发展程度的市场对提升中国产品海外形象的影响，揭示影响产品海外形象和积累品牌资产的规律，提高和掌握运用规律形成示范效应的能力。在此基础上，以理论模型为依据进行问卷设计、变量测量和数据的收集与整理，并进行录入、筛查、甄选和统计分析等工作，掌握创新、社会责任和产品海外形象的现行状况以及可能存在的问题，为后续的实证研究奠定充分的理论和数据基础。

（4）基于多重中介模型（Multiple Mediation Model）分析不同区域/地区或全球范围内创新与社会责任对产品海外形象的影响。多数情况下，解释变量 X 对被解释变量 Y 的影响，只通过一种方式传递是不可能的，所以当引入多重中介时，将所有的中介变量都纳入一个模型中，往往会使模型的估计和设定更加方便、更加准确、更加简化。依据创新与社会责任影响产品海外形象的理论框架可以判断使用的模型应为包含三个中介变量的多重中介模型，如图1-1所示。A表示X影响Y的总效应（路径c），B表示X对Y的直接效应（路径c'）和通过3个中介变量形成的X对Y的间接效应。通过第i个中介变量产生的X对Y的特定间接效应被定义为通过这个中介变量联系的X到Y的两个非标准化路径系数的乘积。也就是说，通过M1产生的X对Y的特定间接效应被定量化为a_1b_1；X到Y的总间接效应是所有特定间接效应的加总：$\sum_i (a_ib_i)$，i=1，2，3；X到Y的总效应是直接效应和所有特定间接效应的和：$c = c' + \sum_i (a_ib_i)$，i=1，2，3；总的间接效应也可以计算为（c-c'）。估计图1-1描绘的多重中介模型比估计单一的简单中介模型更为复杂，因为不仅需要确定单个的间接效应是否存在，还需要区分一些在内容上可能重叠的几个潜在中介变量的中介效应。在多重中介模型下，通过某一中介变量（如M3）的特定中介效应与单独通过M3的中介效应是不同的，除非其他的中介变量与M3完全不相关。

框架中包含三个中介变量模型的总间接效应是三个特定中介效应之和，即$F = a_1b_1 + a_2b_2 + a_3b_3$，使用Bollen（1987）计算包含三个中介变量的总间接效应的渐进方差如式（1.1）所示：

$$\text{Var}[F] = b_1^2 S_{a1}^2 + a_1^2 S_{b1}^2 + b_2^2 S_{a2}^2 + a_2^2 S_{b2}^2 \\ + b_3^2 S_{a3}^2 + a_3^2 S_{b3}^2 + 2(a_1 a_2 S_{b1b2} \\ + a_1 a_3 S_{b1b3} + a_2 a_3 S_{b2b3} + b_1 b_2 S_{a1a2} \\ + b_1 b_3 S_{a1a3} + b_2 b_3 S_{a2a3}) \quad (1.1)$$

式中的下标表示含有a和b路径的中介变量的系数是有关联的，S表示相应下标路径的标准差，这个总量的平方根是三重中介模型的总间接效应的一阶标准误。

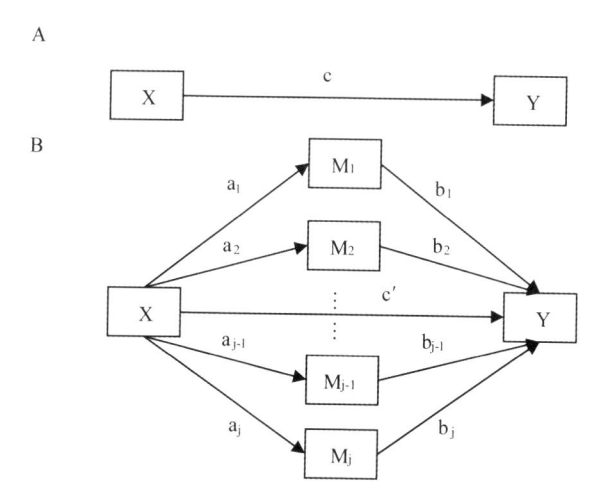

图 1-1 j 个中介变量的多重中介模型

注明：A 是 X 到 Y 的效应；B 假设 X 到 Y 存在 M1，M2，…，Mj 个中介效应。

资料来源：K. J. Preacher and A. F. Hayes, "Asymptotic and Resampling Strategies for Assessing and Comparing Indirect Effects in Multiple Mediator Models", *Behavior Research Methods*, Vol. 40, No. 3, 2008.

三重中介模型中，对比两个特定的间接效应。任何回归系数都可以表达为包含相关系数（R）和标准差（SD）两个变量的方程，以中介变量 M1 在一个对比的中介模型中的系数为例，如式（1.2）和式（1.3）所示：

$$a_1 = R_{XM1}(SD_{M1}/SD_X) \quad (1.2)$$

$$b_1 = [(R_{XM2}R_{M1M2} - R_{XM1})R_{YX} + (1 - R_{XM2}^2)R_{XM1}$$
$$+ (R_{XM1}R_{XM2} - R_{M1M2})R_{YM2}] /$$
$$(1 - R_{XM1}^2 - R_{XM2}^2 - R_{M1M2}^2$$
$$+ 2R_{XM1}R_{XM2}R_{M1M2}) \cdot (SD_Y/SD_{M1}) \quad (1.3)$$

当 a_1 与 b_1 相乘，SD_{M1} 被抵消，剩余中介变量 M1 的自由度量，证明了多重中介效应的对比是与成对的解释变量和被解释变量密切相关的。可以使用系数乘积和 Bootstrapping 两种方法检验这种总的和特定间接效应对比的假设。以对比中介变量 M1 和 M2 为例，效应的对比值 F_c 为：

$$F_c = a_1 b_1 - a_2 b_2 \qquad (1.4)$$

使用 DELTA 方法有：

$$\text{Var}\,[F_c] = b_1^2 \delta_{a1}^2 - 2b_1 b_2 \delta_{a1a2} + b_2^2 \delta_{a2}^2 \\ + {}_{a12}\delta_{b1}^2 - 2a_1 a_2 \delta_{b1b2} + a_2^2 \delta_{b2}^2 \qquad (1.5)$$

式中的中介变量的残差是允许共变的（Bollen，1987，1989），在 a 路径残差的协方差矩阵为 0 的约束下，式（1.5）可以推导为一个两两对比的方差公式（MacKinnon，2000），如式（1.6）所示：

$$\text{Var}\,[F_c] = b_1^2 \delta_{a1}^2 + b_2^2 \delta_{a2}^2 + {}_{a12}\delta_{b1}^2 - 2a_1 a_2 \delta_{b1b2} + a_2^2 \delta_{b2}^2 \qquad (1.6)$$

本书第四章全球范围内创新与社会责任对产品海外形象影响的研究，第五章和第六章针对新兴市场/发展中国家和海外发达国家市场的研究，以及第七章创新与社会责任转化为产品海外形象的变现能力的研究，都使用了 Preacher & Hayes（2008）推荐的这个多重中介模型分析方法。

（5）运用调节的中介模型（Moderated Mediation Model）考察创新与社会责任的变现能力，探索将创新与社会责任进行商业变现的最优路径，有许多方法可以检验这种调节的中介效应模型。例如，渐进方法（The Piecemeal Approach，Baron & Kenny，1986）；分组方法（Subgroup Approach，Rigdon，Schumacker & Wothke，1998）；调节的因果法（Moderated Causal Steps Approach，Baron & Kenny，1986；Shrout & Bolger，2002）；Ping 的交互项指标（Ping，1995，1996）和路径分析法（Path Analysis Framework，Edwards & Lambert，2007）等。其中，路径分析法已经表现出了最大的统计性能，除此之外，强有力的 Bootstrapping 方法在中介模型（Shrout & Bolger，2002）和调节的中介模型（Edwards & Lambert，2007）也被建议使用。所以，我们使用 Edwards & Lambert（2007）概述的路径分析程序进行调节的中介模型的检验。

首先，检验第一阶段和第二阶段的调节的中介效应模型，这个检验包括：

$$M = \alpha_0 + \alpha_1 X + \alpha_2 Z + \alpha_3 X \times Z + e \quad (1.7)$$

$$Y = \beta_0 + \beta_1 X + \beta_2 M + \beta_3 Z + \beta_4 X \times Z + \beta_5 M \times Z + \varepsilon \quad (1.8)$$

其中，M、X、Z、Y 分别代表中介变量、自变量、调节变量和因变量，e 和 ε 是随机干扰项。本书的第六章和第七章均使用了这个方法估计调节的中介效应模型，具体的模型构建详见第三章第二节的模型（3.12）、模型（3.13）、模型（3.15）、模型（3.16）和模型（3.17）。

其次，根据 Aiken & West（1991）的过程绘制调节变量的高（均值加一个标准差）水平组和低（均值减一个标准差）水平组的关系图。在间接效应的第一阶段，使用 $(\alpha_0 + \alpha_2 Z)$ 作为截距，$(\alpha_1 + \alpha_3 Z)$ 作为斜率；对于第二阶段，截距和斜率由式（1.9）推导而来，式（1.9）是式（1.8）的变体：

$$Y = [\beta_0 + \beta_3 Z + (\beta_1 + \beta_4 Z) X] + (\beta_2 + \beta_5 Z) M + \varepsilon \quad (1.9)$$

式（1.9）表明 M 和 Y 的斜率是 $(\beta_2 + \beta_5 Z)$，这与式（1.8）中第二阶段的间接效应相匹配；M 和 Y 的截距是 $[\beta_0 + \beta_3 Z + (\beta_1 + \beta_4 Z) X]$；间接效应的斜率是 $(\alpha_1 + \alpha_3 Z)(\beta_2 + \beta_5 Z)$，截距是 $[\beta_0 + \beta_3 Z + (\alpha_0 + \alpha_2 Z)(\beta_2 + \beta_5 Z)]$（Aiken & West，1991；Cohen 等，2003；Edwards & Lambert，2007）。例如，第六章的图 6-2，即绘制显示了消费者卷入度作为调节变量的调节效应图。

本书的研究思路和研究方法如图 1-2 所示。

三 技术路线

本书的研究手段是为了达到通过创新和社会责任提升中国产品海外形象的目的所采取的各种具体方法。总的技术路线为："研究背景与现实意义分析→文献评述与理论提炼→本书研究的总体框架→构建研究内容的基本框架和理论模型→归纳和确定相应的研究范式

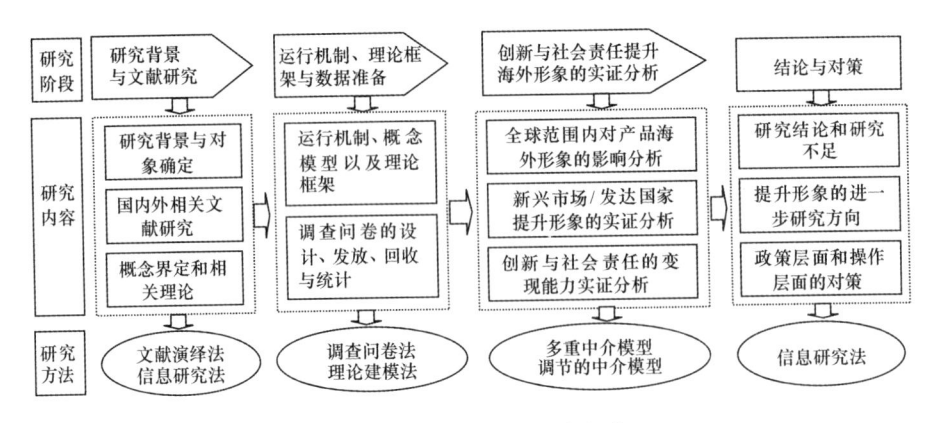

研究阶段	研究背景与文献研究	运行机制、理论框架与数据准备	创新与社会责任提升海外形象的实证分析	结论与对策
研究内容	研究背景与对象确定；国内外相关文献研究；概念界定和相关理论	运行机制、概念模型以及理论框架；调查问卷的设计、发放、回收与统计	全球范围内对产品海外形象的影响分析；新兴市场/发达国家提升形象的实证分析；创新与社会责任的变现能力实证分析	研究结论和研究不足；提升形象的进一步研究方向；政策层面和操作层面的对策
研究方法	文献演绎法 信息研究法	调查问卷法 理论建模法	多重中介模型 调节的中介模型	信息研究法

图 1-2 研究思路与研究方法

资料来源：作者整理。

和创新点→构建实证分析基本框架→研究结果的讨论、提炼与整合→研究成果的理论价值分析→研究成果的应用价值分析"。具体的路线如图 1-3 所示。

（1）研究背景与现实意义分析。在最新发布的以及现有的研究报告、政策法规和其他文件的基础上，深入剖析新常态下提升中国产品海外形象面临的国内外经济社会新形势，包括新时代、高质量发展等大变革、大转换和大调整等新变化新环境的影响因素、战略挑战与机遇，深刻理解通过创新与社会责任提升产品海外形象的必要性和紧迫性，为中国产品走出去和品牌资产的积累提供理论基础和依据。

（2）文献评述与理论提炼。使用文献演绎分析等方法，系统梳理国内外有关形象的理论成果、研究范式和研究方法，全面了解国内外学者关于提升产品海外形象、品牌形象、企业形象和国家形象的研究内容与进展，以期较为准确地把握与本书有关的国外理论分析情况和研究进展，以及国内的研究分布与方向，并对检索收集的文献资料进行阅读、消化、吸收，并归纳提炼相关的研究方向、内容和方法，为确立详细的总体研究方案提供文献依据和理论基础。

（3）构建本书研究的总体框架。基于中国进入新常态与加快推

第一章 绪论

```
前期研究
  ┌─ 1. 研究背景与现实意义分析 → 研究思路与方法 ← 2. 文献评述与理论提炼
  │                            ↓
  │                       3. 研究的总体框架
  │
  ├─ 理论梳理:
  │   (1) 产品形象理论:创新和社会责任履行相关理论
  │   (2) 创新、社会责任提升产品海外形象的运行机理和概念模型
  │   (3) 全球、新兴市场和海外发达国家市场的研究框架与理论模型
  │
  └─ 现实探索:
      (1) 提升中国产品海外形象的问卷设计
      (2) 调研问卷的发放与回收——全球68个国家的海外消费者
      (3) 问卷的整理、录入与统计——剩余有效问卷2992份（71.4%）

中期研究
  ┌─ 系统研究 / 实证分析
  │       4. 研究内容的基本框架
  │       内容1:提升中国产品海外形象的运行机理
  │       内容2:创新与社会责任影响产品海外形象的概念模型
  │       内容3:全球范围提升产品海外形象的实证分析
  │       内容4:新兴市场的实证分析
  │       内容5:发达国家的实证分析
  │       内容6:责任的变现能力创新与社会

后期研究
  ┌─ 价值分析:研究成果的应用价值分析 ← 5. 研究结果讨论、提炼与整合 → 研究成果的应用价值分析
  │
  └─ 优化路径:品质品牌效应 | 顾客中心标准 | 创新长盛不衰 | 绿色商业价值 | 知识产权保护
```

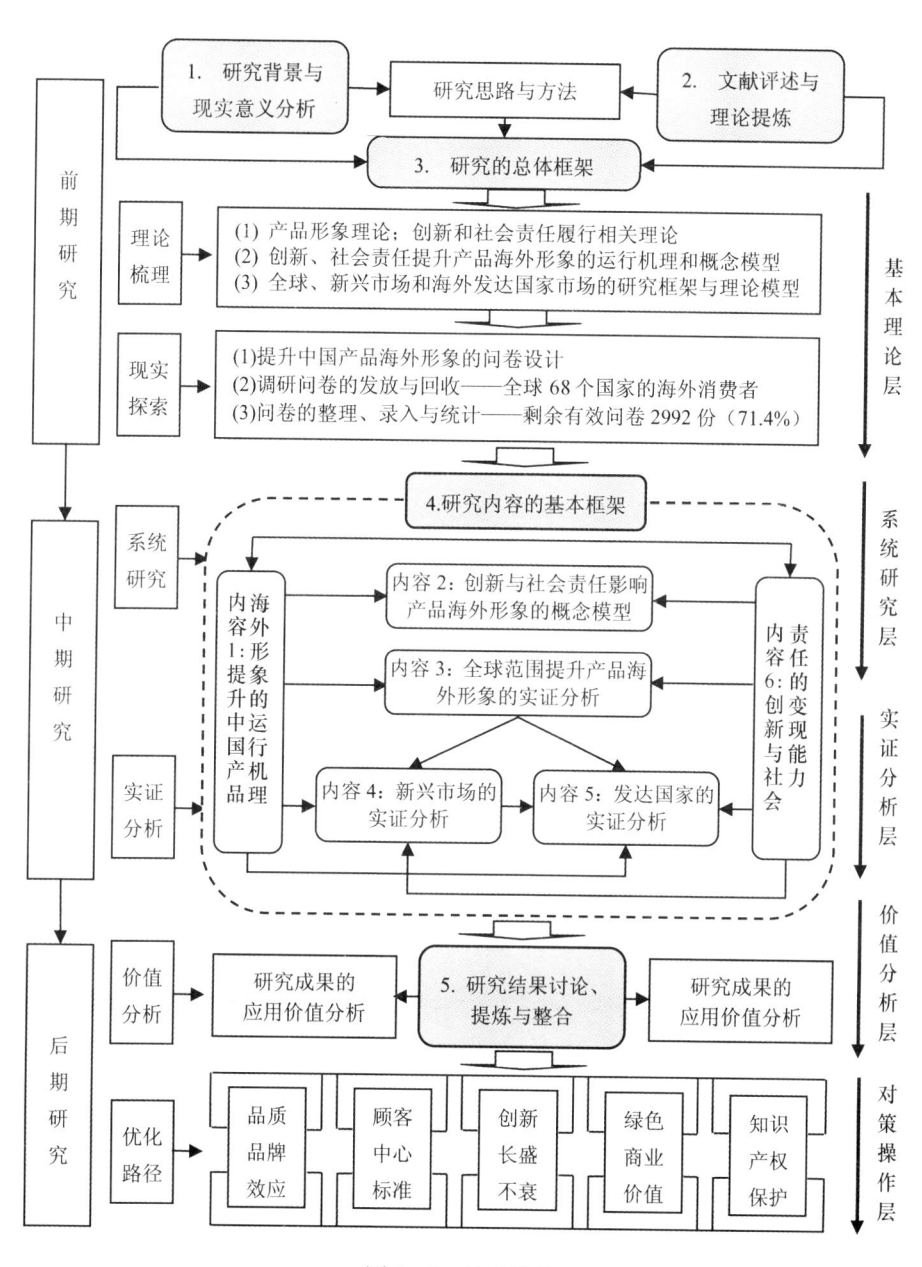

基本理论层 / 系统研究层 / 实证分析层 / 价值分析层 / 对策操作层

图1-3 技术路线

资料来源：作者整理。

进"中国制造2025"和"一带一路"倡议的新背景，本书拟通过创新与社会责任影响产品海外形象的理论提炼与国内外实践经验的分析和总结，分别对在新兴市场/发展中国家和海外发达国家市场以及在全球范围内，创新与社会责任对产品海外形象的影响进行实证分析，同时考察创新与社会责任转化为产品海外形象，转化为品牌资产的变现能力，为实施"中国制造2025"的三大转变和中国产品"走出去"提供理论支撑，并提出提升中国产品海外形象的战略重点、战术方向和对策建议。

（4）构建研究内容的基本框架。根据前期的背景剖析、理论分析和研究，本书拟紧紧围绕提升海外形象的"影响要素"展开研究：一是新常态下，中国产品"走出去"的技术创新、市场创新和企业社会责任等影响要素确定；二是在全球范围内，创新与社会责任对产品海外形象影响的重要性；三是分别在发展中国家和发达国家，创新与社会责任对于提升产品海外形象的重要程度差别；四是分别考察创新与社会责任的变现能力，产品知名度转化为品牌、转化为产品海外形象的变现能力。通过文献研究、信息研究、构建理论模型、问卷调查等方法，进一步剖析和明确创新与社会责任对中国产品"走出去"与形象提升的特殊作用。

（5）研究结果的讨论、提炼与整合。对本书的研究结果和结论进行梳理、提炼与整合是高质量完成本书的重要环节，能否高度概括并详细提炼研究启示在一定程度上不仅取决于最初对研究目标和各部分研究内容的高度熟悉和充分理解，而且在于对一些看似矛盾甚至略有差异的研究结果的整合和分析，从而形成能够提升整个研究问题的研究结论，以及更为结构化、系统化和统一化的观点，提出提升产品海外形象的所有优化路径，并根据不同的产业类型选择最优的主导路径，进而极大地提高本书研究结论的理论贡献和应用价值。

第四节 创新之处

首先，本书从海外 68 个国家的消费者收集数据，并构建了一个相互衔接、逐层推进、高度融合的创新与社会责任提升产品海外形象的理论体系。本书同时将创新、社会责任和产品海外形象纳入一个理论分析模型，在分析抽象的产品海外形象提升这一黑箱的运行机理，并形成概念模型的基础上，考察不同地区创新和社会责任的对比效应，探讨两者对于提升产品海外形象在重要性方面是否存在显著区别，进一步完善产品海外形象提升的理论框架，同时为有限资源企业的实践提供有借鉴作用的实际指导，使研究结论更具现实意义。从创新和社会责任两方面入手，围绕提升产品海外形象，实现生态和谐、经济共同发展战略，建立了一个逻辑严密的作用机制体系。中国产品海外形象问题已经成为中国企业"走出去"必须面对的迫切问题，在"新常态""中国制造 2025""双创"和"一带一路"的大背景下，产品海外形象的内在作用机制和运行机理是抽象的、难以归纳总结的，甚至是只可意会不可言传的一个非具体概念，一个黑箱机制。然而，只有在充分识别机制的构成要素和运行机理的基础上，才能构建出合理的、可操作的海外形象提升框架。本书通过分析机制运行的资金运作链和行为效应链，并以产品提供者和消费者之间的关系为表现形式，研究其运行机理，形成概念模型，基于此理论分析，进行不同区域以及变现能力的研究框架和理论模型构建，并据此进行实证分析。

其次，本书考察了创新和社会责任分别在新兴市场、发达国家和全球范围内对产品海外形象影响的重要程度差异。对于提升中国产品在新兴市场或发展中国家的海外形象，创新和企业社会责任哪个更为重要？企业有限的资源应该配置到哪个或哪些方面，才能够为企业带来相对更优、更多的效益。也就是说，技术创新、市场创新和企业社会责任对于提升中国产品在不同地区的产品海外形象是否具有同等重要的作用？与此同时，鉴于异质性差异，这些结论是否同样适用于全球范围内的消费者？对于提升中国产品在全球范围内的海外形象，两者是否存在重要性方面的显著差异？如果存在，创新和社会责任哪个占据了更为重要的位置？同样地，对于提升海外发达国家市场的产品形象，两者的重要程度差异是否有别于新兴市场？与全球范围内的差异是否相同？本书试图使用多重中介模型，综合考虑创新（包括技术创新和市场创新）与社会责任的相互影响，通过考察特定间接效应的影响，而非给定中介变量对市场导向和产品海外形象的中介作用，对这些问题给出明确的答案，并通过实证分析为研究结论提供有力的证据。

最后，本书探索了创新与社会责任转化为产品形象的变现能力，探讨了如何将二者形成的知名度转化为形象，跨越商业变现鸿沟的最佳路径。论文注重理论研究与现实问题的紧密结合，从理论和实践上突出了创新与社会责任提升中国产品海外形象的科学性和可操作性。创新本身伴随着海量的淘汰与风险，企业的创新只是硬币的一面，创新落地所带来的转换成本则是硬币的另一面，如果不能准确评估企业的变现能力，创新的价值增值空间也将被转换成本黑洞所吞噬；全球化和国际贸易是发达国家对发展中国家企业履行社会责任行为产生影响的重要驱动因素，这种被动的、关注环保、劳工权益等问题的社会责任行为无法为企业带来直接的经济效益，如何将标签化时代下"不得不"的社会责任转化为企业的实际利益，是一个需要关注的重要问题。也就是说，企业的技术创新能力和消费者感知的企业社会责任仅仅意味着中国产品在海外的知名度，但是，这还不够，将知名度转化为品牌、转化为正面的产品海外形象，还需要跨越变现这道鸿沟。因此，最重要的是，能否真正把握将可付诸广泛应用的创新技术和社会责任进行商业变现的能力。本书对构建的理论研究框架进行实证分析，并且论述如何将创新和社会责任转化为变现能力,以及提升变现能力的手段和方法,同时考察了将产品海外形象和国家形象转化为正向的品牌资产积累的过程,为中国产品走出去和品牌全球化战略提供了具体的、可操作的实施方案。

第 二 章

理论基础与文献综述

第一节　产品海外形象的概念和界定

"国家的产品形象"是学术界关于特定国家产品在海外形成的总体印象的常用术语，一国产品的海外形象与这个产品的来源国形象、产品水平上的国家形象有着密不可分的联系。产品海外形象最初的定义可以追溯到 Nagashima（1970）的概念："'形象'意味着与思想、情感背景和内涵相关的概念，因此，制造国形象是商人和消费者都非常重视的对一个特定国家产品的构想、声誉和刻板印象，这个形象产生于诸如代表性产品、国家特征、经济和政治背景、历史和传统等变量，它强烈地影响着国际市场的消费者行为。"尽管使用"制造国"这个术语指定形象的对象，但这个定义实际上指的是这个国家的产品，即一国产品在海外的形象。

直到 8 年后，Nagashima（1977）明确提出了制造国的产品形象，并认为其由五个类别组成，分别是价格和价值、服务和管理、广告和声誉、设计和风格以及消费者资料或顾客资料。其中，价格和价值类别通过五项指标衡量，包括不昂贵/合理的定价、可信赖、奢侈品/必需品、有针对性的/大众的、重工业品/轻工业品；服务和管理类别通过细致和一丝不苟的工艺流程、技术的先进性、批量生产/手工制造、全球分布、发明/模仿五项指标进行测量；通过持有的自豪感、过多的广告和可识别的品牌名称三项指标衡量广告和声誉类别；设计和风格类别也包括三项衡量指标，分别是尺寸与型号的选择范围、关心外观设计/关心性能和巧妙地运用色彩；消费者资料类别包括年轻人居多/老年人居多、男性居多/女性居多、上层阶级/下层阶级三项内容。

随着 Nagashima 定义和分类的提出，许多研究者相继提出了类似的聚焦于产品形象的概念，虽然他们同样使用了来源国形象这个术语，这类研究对象通常是"整体的"或"一般的"产品形象，而不是指定产品类别的国家形象，如特定国家的电视或汽车形象。Narayana（1981）认为，任何特定国家产品的总体形象指的是为消费者所感知的、与这个国家提供产品相关的整体内涵；Han（1989）认为产品形象是消费者对于某一给定国家生产的产品的质量总体感知；Roth & Romeo（1992）指出，产品形象是基于消费者之前对于一个特定国家的产品和营销优劣的感知而形成的对这个国家产品的整体感知；同样的，Strutton 等（1995）指出，综合的"制造国"形象是从每个国家的利益出发，由初始商品的精神复印本、声誉和刻板印象组成；Bilkey（1982）认为产品形象是购买者对于不同国家生产的产品和服务的相对质量的观点。

综上所述，我们认为使用 Nagashima（1970，1977）的概念和分类来界定中国产品的海外形象较为恰当，既考虑了中国作为产品来源国的形象，也能够衡量中国产品在海外消费者心中的印象和发展构想，并且排除了两者差异的干扰，因而能够比较全面地衡量中国产品的海外形象。

第二节 产品形象、品牌形象与国家形象理论演化综述

一 产品形象理论演化

首先需要从"形象"一词的内涵认识、理解产品形象的概念。Hayek（1945）认为它是人类社会和宇宙象征的"内在秩序"和具有形状的"外在秩序"的有机统一，是人与人、国与国之间的沟通方式，具有超越地域、文化、语言的沟通能力以及强大的信息表达能力。国内学者罗长海（2002）概括了"形象"的五层含义：一是视角论下的个体形象，也就是一个人的外在相貌，以及一个物体的外在形状；二是比较论视角下的类形象，也指一类事物的本质与其表面的现象相一致；三是系统论视角下的组织形象，象征着一个组织的形象；四是形象思维论下的艺术形象，是指感性的表象，这种感性符合某种特定理念或理想；五是实践论视角下的"自为形象"，将人具有的本质力量进行对象化，转化为切实的客观实在。

可以从广义和狭义两个角度理解产品形象（Product Identity or Product Image，PI），从广义的角度看，其主要理解为消费者们对产品的一种综合的、总体的认识和印象，人们对企业产品的任何感知都可以理解为广义产品的一部分，它包含了各方面的因素。例如产品的服务、品牌、维护、功能、使用、设计、营销、工艺、广告、质量、展示和包装等。从狭义的角度分析，则仅指企业产品这个单一主体的角度所呈现的一种形象，不包含这个形象的外延。

现有文献表明，产品形象已经和经营形象、人员形象、环境形象作为四大子系统共同形成了企业形象，并且已经越来越被广大消费者和研究学者视为企业形象的主要内容。结合上述 Hayek 对形象的定义和理解，产品形象是人机界面、产品的材质、形态和色彩

等可以被视觉观察到的方面，以及需要依附在产品上、非功能性的内容。例如企业的广告、包装、标识、产品说明书、产品售后服务卡等内容的"外在秩序"，和视觉无法辨认的、要通过操作、使用、体验后才能感受到的产品的功能、性能、加工工艺、技术水平等"内在秩序"的完整统一。按照上述理论，可以将产品形象进一步细分为产品品质形象、产品视觉形象和产品社会形象三个层次。首先是产品品质形象，即最基本的核心层。核心层构成了产品形象的核心，主要是指产品拟向消费者传达的主要信息和提供的主要价值观。例如，包含在产品中的品牌观念、企业理念、文化、愿景和企业精神等。其次是产品视觉形象，即扩展的认知层。指产品主体自身呈现的具有特色的视觉形象，包括构成视觉形象主体的产品的质感、色彩和形态等。最后是产品社会形象，即外化层。它是前两个物质形象的外化结果，也是最具有生命力的形象层，将产品的品质形象和视觉形象从物质层面提升到精神层面。

PIS 是 Product Identity System 的缩写，意思是产品形象识别系统，它由产品应用推广系统、产品应用基础系统和产品基础系统三个子系统构成，形成了一个较为完整的 PIS 系统。产品应用推广系统：具体包括产品系列包装、产品说明书和产品广告三个部分；产品应用基础系统包含了五个部分，分别是品牌形象、产品的专用色彩、基础要素的组合、产品的象征图案和商标策略；产品基础系统是 PIS 的基础和关键，它包含产品文化、产品名称、产品物化和产品标识在内的四个部分。其中，产品文化在产品的市场开发和推广方面起到了非常重要的作用，想要形成有利的产品文化需要从关注产品的广告词、产品的主题以及产品的理念三个方面着手；产品名称是产品的广告受众和潜在消费者首先接触到的重要的影响因素，在形成产品形象的过程中起着极大的作用，是指能够将企业产品区别于其他同类或非同类产品的名称、概念或称呼；产品物化则是产品在物质属性方面的形象，指产品的有形构成,主要包含原材料构成、生产工艺、产品功能以及造型等方面;产品标识是产品的文字名称、图案记号或两者相结合的一种设计,是传达产品形象的标识性符号。

二 品牌形象与品牌资产理论演化

(一)品牌形象理论演化

通过查阅营销学的文献,笔者发现早在20世纪50年代就有许多学者开始关注"品牌形象"的概念,他们认为应从消费者的角度出发,将其主要功能和目的定位于促使消费者将某一企业的产品区别于其竞争对手的产品(Dobni & Zinkhan,1980)。学者Gardller & Levy(1955)开创性地提出了一个与品牌相联系但包含了象征意义的重要理论,认为消费者购买产品或品牌已经不再局限于这个产品或品牌的某种属性或功能。后来Martineau(1958)、LeVy & Glick(1973)等学者在此基础上完善了上述研究,品牌形象的理论演化见表2-1。

表2-1 品牌形象理论的发展框架

理论类别	主要人物	主要观点
组合论	Aaker(1991)	品牌形象是消费者对于品牌联想的一组组合
	Dodds, Monroe & Grewal(1991)	品牌形象是可以代表整个产品的所有信息的集合。也就是说,若产品的品牌形象较好,其产品的感知质量或总体评价也更好
	Perry & Wisnom(2002)	品牌形象是不可控制的意识集合体,例如缺点和优点等
联想论	Engel, Blackwell & Miniard(1995)	品牌形象是消费者有关品牌的有形和无形的联想
	Bhat & Reddy(1998)	品牌形象是一种可以提示或推论产品质量的线索,可以激发消费行为的联想

续表

理论类别	主要人物	主要观点
感知论	Kirmani & Zeithmal（1993）	品牌形象诠释了消费者对产品的理解，从内涵本质到外延属性
	Toger & Paul（1993）	品牌形象是消费者有关品牌有形无形各方面的联想和感知，是品牌联系的综合反应
	Grewal, Krishnan & Baker（1998）	品牌形象与消费者的感知质量正相关，即品牌形象越好，感知质量就越高

资料来源：作者整理。

Dobni & Zinkham1（1990）在研究品牌形象的内涵时，首先系统归纳了之前学者的观点并将它们划分为四类，其区别体现为侧重点的不同，包括品牌形象的心理因素、将品牌形象作为一种符号、视品牌形象为一种人格化特征、品牌形象的信息性和价值性四个侧重。对此，他们认为"品牌形象是消费者所持有的对品牌的概念，也是由消费者理性或情绪化的解释所形成的主观和知觉的现象。其并非来源于产品的技术、功能或物质，而是受市场活动、环境变量和知觉特征的影响而形成，其关注于现实的知觉远大于现实本身"。

关于品牌形象的构成，国外学者也进行了深入研究。许多学者都赞成三因素论，只是对其中的因素选择判断不一。有学者提出三因素分别是品牌的个性或品牌特征方式，品牌的使用效果和功能特征，以及产品的物理属性或元素（Plummer，1985），并指出三者最终在消费者头脑中形成的印象为"适合我"或"不适合我"；也有学者认为三因素应为产品属性、消费者利益和品牌的人格特质（Aaker，1991），企业形象、使用者的形象、产品或服务自身的形象（Biel，1992）等。

Keller（1993）认为品牌形象的主要构成部分是品牌联想（Brand Associations），并在此基础上形成了品牌形象的定义；与此同时，Keller（1993）还认为可以通过不同的品牌联想的角度衡量品牌形象，包括联想的类型（Types）、独特性（Uniqueness）、强度

(Strength) 和偏好度 (Favorability) 等。首先，不同的品牌联想的类型组成了不同的品牌形象，这些类型包含态度、利益和属性。其次，创造消费者品牌联想的偏好可以成为一种成功的品牌营销策略，其基础是由产品偏好程度的不同形成的品牌联想差异；可以说，为了创造有利的品牌偏好，先得形成一个正向的品牌态度，而其中一个路径就是让消费者相信某一产品品牌不仅能够满足其需求属性，还能够满足其欲望利益。再次，品牌联想还包括一个重要特征，即与品牌符号关联的品牌强度。最后，品牌联想能够形成将某一品牌与竞争对手品牌区别开来，发挥可持续的领先优势的功能，其定位于独特性，形成难于被模仿的独特竞争优势。

此外，站在消费者需求的角度，品牌所产生的形象还可以划分为三类：功能类、象征类和经验类 (Park, Jaworski & Macinnis, 1986)。三者分别代表了不同的利益诉求。能够帮助消费者解决由于外部实际问题所产生的消费需求，具有功能性品牌形象的产品品牌；主要强调满足消费者的内部的象征性的需求，具有象征性品牌形象的产品品牌，如满足社会地位的提升或自我形象的提升等；用于强调满足消费者外部需求为主的，如消费者寻求的刺激或多样化等，具有经验性品牌形象的产品品牌。

（二）品牌资产理论演化

20 世纪 80 年代以来，品牌资产一直是市场营销领域的核心概念和关键研究领域 (Ambler, 2003; Samli & Fevrier, 2008; Buil, Martínez & de Chernatony, 2013)；并且随着全球化和不断升级的竞争形式，它的作用在不断加强 (Pinar, Trapp, Girard & E. Boyt, 2014)；虽然许多学者围绕品牌资产做了广泛的研究，但是关于这个主题的文献大部分仍然是零散的、没有定论的 (Buil 等, 2013)。有许多关于品牌资产术语的定义，包括财务角度与消费者角度或者是整体的功能角度 (Aaker, 1991; Keller, 1993; Srinivasan, Park & Chang, 2005; Keller, 2012)。需要指出的是，从消费者角度的定义主要是基于品牌在消费者心中的力量这一前提 (Leone 等, 2006)，从财务角度的定义主要考虑品牌对公司的货币价值（Simon & Sullivan，1993）；然而，品牌财务价值形成的根本在于消费者对品牌的反应所产生的最终产出（Christodoulides & De Chernatony，2010），如果一个品牌对于消费者没有价值，也就意味着它的财务价值是零。这意味着品牌在市场上根本就不存在（Keller，1993；Pappu，Quester & Cooksey，2005）。因此，大多数的研究从消费者的角度形成品牌资产的概念（Mostafa，2015）。

Aaker（1991）& Keller（1993）认为应该重视消费者的观点，并将其引入品牌资产理论，将品牌资产定义为有关资产的集合。"……与包括品牌的象征和名称在内的品牌，以及能够为产品或服务提供附加值或减低值的资产等，例如品牌的联想（如'纯联想'和'浮动联想'）、品牌认知度、感知质量和忠实的消费者"（Aaker，1991）。Aaker（1996）进一步将资产和负债分为"品牌认知度、感知的品牌质量，品牌形象/联想和品牌忠诚度等"，其中前三个要素从本质上讲是感性的，而品牌忠诚度被认为是行为层面的。Keller（1993）提出了基于消费者的品牌资产模型（CBBE），认为品牌资产来源于品牌的营销效果，而品牌的营销效果则取决于消费者所具有的品牌知识及对该品牌营销活动做出的差异性反应。自此之后，又有不同的学者或公司提出了其他的品牌资产模型，见表2-2。Keller本人也对品牌资产的概念和模型进行了进一步完善，如他认为品牌知识包括认知、属性、利益、形象、思想、感觉、态度和经验（Keller，2012）；除此之外，他强调，当消费者对品牌有高水平的认知度和熟悉度，同时在记忆中拥有强烈的、喜爱的、独特的品牌联想时，CBBE才会发生作用（Keller，2007）。Christodoulides & De Chernatony（2010）将CBBE定义为"消费者感知、态度、知识和行为的集合产生了不断增加的效应，使得品牌获得了比没有品牌名称时更大的边际利润"，这个定义被认为是Aaker（1991）和Keller（1993）基于消费者的品牌资产定义的结合（Mostafa，2015）。

表 2-2　　　　　　　　　　　品牌资产模型

学者	模型名称	维度/指标数	维度要素
Aaker (1991)	品牌资产模型	5	品牌忠诚度，品牌认知度，感知质量，品牌联想，其他品牌资产
Biel (1993)	比尔模型	3/8	公司形象，用户形象，产品/服务本身形象
Keller (1993)	基于消费者的品牌资产模型（CBBE）	6/10	品牌认知度，品牌回忆，品牌联想的喜爱、类型、强度和独特性
Aaker (1996)	品牌资产十要素模型	5/10	品牌忠诚度，感知质量/领导性，品牌联想/差异化，品牌认知度，市场行为
Krishnan (1996)	品牌记忆网络模型	4	品牌资产大小、品牌联想的阶（偏好度）、独特性和来源
Young & Rubicam (2000)	品牌资产评价模型（BAV）	5	品牌差异，品牌能量，品牌关联，品牌尊敬，品牌知识，品牌活跃度，品牌高度
Keller (2001)	基于消费者的品牌资产金字塔模型	6	品牌出现，品牌性能，品牌形象，消费者判断，消费者感受，品牌共鸣
Keller (2003)	品牌价值链模型	2/7	价值产生阶段，增值过程
Schultz & Heidi (2005)	三路径品牌资产模型	3/9	品牌测量方法，增加品牌的销售，品牌化企业资产
Chernatony & Cottam (2006)	金融服务品牌模型（SFSB）	6	品牌的整体性和一致性，卓越和个性化的消费者服务，挑战规范的精神，对变化的敏感性，高度的品牌文化特质，品牌和组织文化的同步性
Keller (2012)	完善的 CBBE	1/8	认知、属性、利益、形象、思想、感觉、态度和经验

资料来源：作者整理。

许多研究揭示了不同背景和文化下的基于消费者的品牌资产维度（品牌忠诚度、品牌认知度、感知质量和品牌联想）与品牌资产之间的联系。例如，Buil 等（2013）使用英国和西班牙两个国家的数据检验了品牌资产模型，结果表明品牌认知度积极地影响感知质量和品牌联想。品牌忠诚度主要受到品牌联想的影响，感知质量、品牌联想和品牌忠诚度是品牌资产的主要驱动因素，同时这个结果在这两个国家都适用。同样的，Konecnik & Gartner（2007）把品牌资产的演进描述为消费者学习的过程，就是消费者对品牌认知转变为态度（如感知质量和品牌联想）的过程，反过来，这又会影响对品牌的忠诚度；Yoo & Donthu（2002），Chen & Tseng（2010），Khan & Mahmood（2012）以及 Ramendra Singh, Murtiasih, Sucherly & Siringoringo（2014）报告了品牌忠诚度和品牌资产之间的显著正相关关系，强调品牌忠诚度是一个关键层面，是品牌资产的主要解释因素。

三 国家形象理论演化

继 Schooler（1965）介绍来源国（Country of Origin, COO）现象这篇开创性文章后不久，Nagashima（1970）提出了一种被普遍接受的概念，"形象"意味着与思想、情感背景和内涵相关的概念，因此，"制造国"形象是商人和消费者都非常重视的对一个特定国家产品的构想、声誉和刻板印象。这个形象被诸如代表性产品、国家特征、经济和政治背景、历史和传统等变量所创造，并与大众传播、个人经历和对国家领导人的看法有关，它强烈地影响着国际市场的消费者行为。尽管国家形象的重要性引起了各国研究者的广泛关注，但通过对文献的仔细研究发现，20世纪八九十年代，国家形象的不同定义成倍数增长，大致可以分为三类（Roth & Diamantopoulos, 2009; Lopez, Gotsi & Andriopoulos, 2011）：整体的国家形象、产品的国家形象和（与国家有关的）产品形象。

第一类把国家形象视为一个由多重因素共同影响的通用建构，不仅包含代表性产品产生的一般形象，还包括经济和政治上的成熟度、历史事件和关系、传统、工业化和技术的精湛程度等（Bannister & Saunders, 1978; Martin & Eroglu, 1993）。这种分类还可以分为三组，第一组将国家形象定义为在公众心目中对一个国家的感知，（精神）构想或印象（Verlegh & Steenkamp，1999）；第二组将国家形象概括为一个感知的建构（Barney & Wright，1997）；第三组采取了一种更为广泛的定义形式，在国家形象的建构上，不仅包括感知，还包括情感的元素，把国家形象看作元素或联想的网络（Verlegh，2001）。

第二类把国家形象聚焦在作为产品来源国的角色上，产品形象和国家形象是两个相互独立却相关的部分（Jaffe & Nebenzahl，2006），通常定义为消费者对不同国家和这些国家生产的产品的印象。首先，国家形象或产品形象被分别定义为国家或品牌的精神构想，即是两个相互区分又相似的概念；其次，国家形象影响来自这个国家的产品的形象。事实上，一些研究表明，消费者对一个国家的产品偏好和消费者心目中的国家形象是有相关关系的（Roth & Romeo，1992；Ittersuma，Candel & Meulenberg，2003）；同时也应该注意到，国家形象不仅影响着产品的评价，也影响到其他的重要产出，如投资和旅游（Heslop 等，2004）。所以，这些学者提供了一个相当严格的来源国形象的定义范围（Roth & Diamantopoulos，2009）。

第三类认为国家形象是指产品水平上的国家形象，这些定义特定地聚焦在一个国家的产品形象（Narayana，1981；Bilkey & Nes，1982；Han，1989；Roth & Romeo，1992），可以追溯到最初的 Nagashima（1970）的概念；然而，尽管使用"国家"这个术语指定形象的对象，但 Nagashima（1970）的定义实际上指的是特定国家的产品，因此，在这个建构的定义域中，应该是产品形象而不是国家形象（Roth & Diamantopoulos，2009）。随着 Nagashima（1970）定义的提出，许多研究者相继提出了相似的聚焦于产品形象而不是它们声明的来源国形象的概念。这类研究的对象通常是"整体的"或"一般的"产品形象，而不是指定产品类别的国家形象（Pappu 等，2007），指定产品类别的研究如通过指定的电视和汽车产品测量国家形象（Han & Terpstra，1988）。许多研究者也将国家形象定义为

"感知"(Han, 1989),也有部分学者使用相关的术语,如"印象"或"联想"(Ittersuma 等,2003),还有部分学者涉及"刻板印象"或者"模式"(Verlegh & Steenkamp, 1999),少部分学者指定国家形象是"信念","信念"是态度的一个组成部分(Martin & Eroglu, 1993; Wang, Li, Barnes & Ahn, 2012)。国家形象的这些定义可以据此划分为"感知论""印象论""模式论"和"信念论"。关于国家形象概念与国家形象定义理论见表2-3和表2-4。

表2-3　　　　　　　　　国家形象概念的主要流派

流派	代表作者	定义	理论类别
(1) 整体的国家形象	Bannister & Saunders (1978)	广义的形象被许多变量所创造,如代表性的产品、经济和政治上的成熟度、历史事件和关系、传统、工业化和技术的精湛程度	感知论
	Desborde (1991)	来源国形象指的是一个国家由它的文化、政治系统和经济、技术发展水平所呈现出的,在现有消费者心目中的整体印象	印象论
	Kotler 等 (1993)	人们持有的对某个地方的信念和印象的总和。形象代表与一个地方有关的大量的联想和信息的简化,它们是试图从有关一个地方的大量数据中形成和挑选本质信息的思想的产物	信念论
	Martin & Eroglu (1993)	国家形象被定义为对一个特定国家所持有的描述性的、推理性的和信息性的总体信念	信念论
	Askegaard & Ger (1998)	与国家、知识结构等元素有关的模式或网络,它将我们所了解的国家与它的评价意义或由模式引发的影响合成在一起	模式论

续表

流派	代表作者	定义	理论类别
(1) 整体的国家形象	Verlegh & Steenkamp (1999)	一个国家的国民、产品、文化和国家的精神表征，产品的国家形象包含广泛的共享文化观念	模式论
	Allred 等 (2000)	基于一个国家的经济条件、政治结构、文化、与其他国家的文化冲突、劳工条件和环境问题的立场，组织和消费者对这个国家持有的感知或印象	感知论
	Verlegh (2001)	与一个国家有关的包含情感联想和感知联想的精神网络	印象论
(2) 产品的国家形象	Hooley 等 (1988)	影响行为的国家和/或国家输出的刻板印象	模式论
	Li 等 (1998)	消费者对不同国家和这些国家生产的产品的印象	印象论
	Knight & Calantone (2000)	来源国形象反映消费者对于一个特定国家生产的产品质量和来自这个国家的人民的本质感知	感知论
	Nebenzahl 等 (2003)	消费者关于在某个国家生产的产品属性的感知；对这个国家的情感和由此产生的对这个国家生产的自有产品的社会期望的感知	感知论
	Papadopoulos & Heslop (2003)	购买者或销售者可能和一个产品联系在一起的产品的国家形象或与某地有关的形象	感知论
	Jaffe 和 Nebenzahl (2006)	品牌和国家形象是相似的，分别被定义为品牌和国家的精神构想	印象论
(3) 与国家有关的产品形象	Nagashima (1970)	"形象"意味着与思想、情感背景和内涵相关的概念，因此，"制造国"形象是商人和消费者都非常重视的对一个特定国家产品的构想、声誉和刻板印象	印象论
	Narayana (1981)	任何特定国家产品的总体形象指的是为消费者所感知的、与这个国家提供产品相关的整体内涵	感知论

续表

流派	代表作者	定义	理论类别
（3）与国家有关的产品形象	Bilkey & Nes（1982）	购买者对于不同国家生产的产品和服务的相对质量的观点	感知论
	Han（1989）	消费者对于某一给定国家生产的产品的质量的总体感知	感知论
	Roth & Romeo（1992）	国家形象是基于消费者之前对于一个特定国家的产品和营销优劣的感知，形成的对这个国家产品的整体感知	感知论
	Strutton 等（1995）	综合的"制造国"形象是从每个国家的利益出发，由初始商品的精神复印本、声誉和刻板印象组成	模式论

资料来源：（1）M. Hsieh, S. Pan and R. Setiono, "Product -, Corporate -, and Country - Image Dimensions and Purchase Behavior: A Multicountry Analysis", *Journal of the Academy of Marketing Science*, vol. 32（3）, 2004, pp. 251 - 270.

（2）K. P. Roth and A. Diamantopoulos, "Advancing the Country Image Construct", *Journal of Business Research*, vol. 62（7）, 2009, pp. 726 - 740.

（3）C. Lopez, M. Gotsi and C. Andriopoulos, "Conceptualising the Influence of Corporate Image on Country Image", *European Journal of Marketing*, vol. 45（11/12）, 2011, pp. 1601 - 1641.

表 2 - 4　　　　　　　　　　国家形象定义理论的主要流派

理论类别	主要人物	主要观点
印象论	Nagashima（1970）；Darling（1981）	商人、消费者心目中认为某个具体国家的产品所拥有的图像、名声以及刻板印象
感知论	Bilkey & Nes（1952）；Han（1959）；Han（1990）；Roth & Romeo（1992）	消费者对特定国家产品的总体感知，或者对给定国家所制造产品质量的总体感知；基于以往对该国家产品和市场营销优劣势等的感知
声誉论	Darling（1981）；Martin（1992）；Eroglu（1993）；LantZ & Loeb（1996）	消费者持有的、对特定国家的信念总和，包括信息性、推论性和描述性的；刻板印象或国家形象：国家的感知声誉可能会代替消费者无法对某产品进行的客观评价

续表

理论类别	主要人物	主要观点
信念论	Kotler & Gertner (2002)	国家形象表示大量的信息提炼，其与一个地区相联系，是消费者对该地区所持有的信念总和

资料来源：作者整理。

国家形象通过存在于消费者记忆中的信息被传递到新的产品中，其理论基础是信息处理理论（Kesic 等，2003）。信息处理过程包括两个阶段：第一阶段，与产品来源国的知识信息密切相关，即将有关产品的知识存储于消费者的记忆中，形成一组联想存储；第二阶段，消费者依据产品来源国的国家形象及自身对这个国家和产品的偏好、熟悉度等进行发展联想（lynch & Scrun, 1982; Han, 1989）。值得注意的是，除了信息处理理论，刺激概括理论和分类理论对国家形象理论的发展也起到了不可或缺的辅助作用。刺激概括理论认为当感知的刺激性程度越强，对新产品的来源国的国家形象越容易产生国家形象构想或联想（Mosweeney & Bierly, 1984）；分类理论认为当生产了与现有产品越类似的新产品时，有关它们是否属于同一个产品类别的感知就越准确（Mervis & Rosch, 1981）。从上述各流派学者的研究来看，国家形象的理论演化与产品形象、产品的海外形象紧密相连，同时，将这两个概念密切联系在一起的是"来源地形象"，其可以被界定为"基于消费者曾经持有的对一个国家生产或营销的缺点或优点等，形成的消费者对这个国家产品的总体印象，会进一步影响消费者对这种产品的购买倾向"（Schooler, 1965）。

随着国际贸易和经济全球化的迅猛发展，有关来源国产品形象的研究也在发生着相应的变化，从最初集中研究某一产品是在哪一个国家生产或制造的，这些来自不同国家生产或制造的产品意味着质量的差异，再到由于跨国家和全球范围内的生产和装配，无法直接清晰、明确地划定某一产品来源于某个国家的国家形象研究，已经被细化出生产制造形象等多个研究领域。

正是基于这种发展,关于来源地效应的演化和前沿方向也在学术界产生了分歧,包括认为生产制造全球化的出现已经弱化了消费者对来源国形象重视的一派学者;也包括认为其会强化来源国效应的一派学者,因为生产制造的全球化带来了分工的专业化。随着经济、生产、制造和国际贸易的发展,有关来源国形象的研究概念被进一步细分为制造地、设计地和组装地等(Papadopoulous,1993)。然而,有关"产品来源地"的界定被更多学者认定为"营销产品或品牌的公司总部所在的国家"(Johansson等,1985)。

第三节 创新的推动作用

随着经济全球化和企业国际化进程的不断深化,创新已经成为企业在全球海外市场上创造和维持竞争优势的重要源泉(Filatotchev & Piesse,2009)。为了在激烈的全球竞争格局中占据一席之地,发达国家企业拓展海外市场已经不再满足于只将企业生产、制造或销售环节向全球转移,而是率先将处于企业价值链上游环节的企业研发活动向海外转移,从而最大限度地利用企业自身的技术优势和东道国的先进科技资源(Nieto & Rodríguez,2011);与此同时,以中国、印度、新加坡等为代表的新兴经济体的企业,为了实现追赶发达国家企业的战略目标,拓展海外市场,也纷纷将研发活动国际化作为"跳板"战略,从海外获取能提升它们创新能力的先进技术知识(Luo & Tung,2007)。多数学者支持在全球范围内的创新对想要拓展海外市场的企业绩效具有正向效应的观点,认为企业通过创新或研发国际化在全球获取创新资源和多样化的技术学习机会而显著提升产品供应者的创新绩效(Iwasa & Odagiri,2004;Lööf,2009;Arvanitis & Hollenstein,2011);除此之外,企业之前的海外扩张经验(Hsu,Lien & Chen,2015),组织冗余(Chen,Huang & Lin,

2012），企业所拥有和掌握的技术资源多样性（Lahiri，2010），研发投入（Singh，2008；Belderbos，Lokshin & Sadowski，2015），跨国研发网络特征（Achcaoucaou，Miravitlles & León-Darder，2014），研发国际化（李梅和佘天骄，2016）等因素都可能会影响企业的创新绩效。

如果追溯创新理论，就不得不提到首次提出创新概念的 Schumpeter，其认为创新是把一种"新组合"引入生产体系中，这种新组合可以是新的生产条件或新的生产要素，以建立一个新的生产函数，这种新的组合包括五个方面（Schumpeter，1912）；同时，其在关于创新的两本代表作《经济发展理论》（Schumpeter，1912）和《资本主义、社会主义和民主》（Schumpeter，1947）中建立了两个创新模型。在第一个企业家创新模型中，其认为科学技术的发明基本处于企业和市场结构之外；在第二个大企业创新模型中，其明确地将技术内生于企业的创新部门，这也是创新理论的最初来源。自 Schumpeter 后，创新理论的发展逐渐多元化，并以技术创新和市场创新为主。

一 技术创新的研究现状

Solo（1951）在梳理了 Schumpeter 创新理论的基础上，首次提出了将新思想的来源和后续阶段的实现与发展，作为技术创新成立的两个条件；Freeman（1997）在《工业创新经济学》修订版中也明确指出，技术创新指的是新产品、新过程、新系统和新服务的首次商业性转化。对于我国，早在1999年的《中共中央、国务院关于加强技术创新，发展高科技，实现产业化的决定》中就形成了一个能够充分体现技术创新经济目的和表达形式，以及对于中国经济发展的重要地位的定义，即"技术创新，是指企业应用创新的知识和新技术、新工艺，采用新的生产方式和经营管理模式，提高产品质量，开发生产新的产品，提供新的服务，占据市场并实现市场价值。企业是技术创新的主体。技术创新是发展高科技、实现产业化的重要前提"。随后，傅家骥（2001）从另一个新的角度定义了技术创新，认为其"是企业家抓住市场的潜在盈利机会……新的产品、新的生产工艺/方法……它是包括一系列活动的综合过程，如科技、组织、商业和金融等"。

从技术创新的早期文献来看，其主要关注市场的竞争和企业的规模（吴延兵，2007；Schumpeter，1942；Kamein & Schwartz，1982），包括讨论各种主体及条件下的创新差异如大公司和小公司，垄断和充分竞争等市场竞争程度。Fagerberg（2005）认为，即使一些规模或市场影响力比较接近的企业，当外部环境相同时，也会表现出截然不同的创新状况。Belloc（2012）从企业内部研究指出，如何将物质资本和人力资本有效地整合到企业，以及个体在企业内部整合人力和物质资源的过程是企业创新动力的核心。技术创新能够切断"资源诅咒"（表现为自然资源丰裕的经济体反而呈现出令人失望的经济发展表现）的传导途径（万建香、汪寿阳，2016），其重要作用不仅体现在全要素生产率的提升，表现在企业和综合国力等竞争力的提升，而且还体现在市场绩效或财务绩效的提升。首先，技术进步表现为全要素生产率的提升，是技术创新或技术引进的结果。技术创新对经济增长方式转变的影响会受到技术引进依赖、技术创新的机会成本和逆向溢出等因素的影响（唐未兵、傅元海、王展祥，2014）。陶长琪和齐亚伟（2010）则检验了技术创新和外资技术溢出对全要素生产率的影响。通过考察自主创新对全要素生产率的影响（王小鲁、樊纲、刘鹏，2009）来判断技术创新对经济增长方式转变的影响，技术创新的"水平效应"与"结构效应"能够加速产业结构的转型以及促进经济增长（易信、刘凤良，2015）。其次，知识产权制度及在其保护下的技术创新日益成为综合国力竞争的决定性因素（吴超鹏、唐菂，2016）。张可和高庆昆（2013）建立了基于技术创新构建企业核心竞争力的模型，阐述了核心竞争力与突破性技术创新的内在联系和转化方式。最后，有关创新、市场和财务绩效，朱丹和陈国庆（2013）认为企业研发预算信息获取越容易，越能促进研发人员激发创新动力，从而使研发预算管理与创新绩效达到最优。王凤彬、陈建勋和杨阳（2012）认为当探索式和利用式技术创新相平衡的情况下，技术创新的水平与市场绩效和财务绩效正相关。因此，企业在进一步拓展海外市场时，要夯实和提升技术创新能力，强化对引进技术的消化吸收，继续坚持通过利用外资引进技术的战略，加大技术创新和人才培养力度。Hiller 等（2011）也表明，在不同的国别层面，国家间的创新差异和经济增长的差异，可以由金融体系、法律环境和公司治理等角度的差异解释，同时促进技术创新的重要因素是有效的内部治理机制和外部治理环境。

技术进步是经济发展的持久性源泉，而现代经济中技术进步主要来源于以创新为目的的研究开发活动（Schumpeter，1947）。不过，从各国发展历程来看，不同国家的技术进步路径呈现出非常大的差别，充分利用技术的后发优势是后发国家赶超领先国家的可行途径（Gerschenkron，1962）。正如林毅夫和张鹏飞（2005）所指出的，经济学意义上的创新无非是采用比当期效率更高的技术：发达国家处于世界技术前沿，只能依靠自主创新来获得生产效率的改进；但对于新兴市场/发展中国家而言，生产效率与发达国家存在较大差距，引进国外成熟技术也是技术创新的重要内容。随后，国内文献也考察了技术引进对后发国家经济增长的影响（寇宗来、张剑、周敏，2007；易先忠、张亚斌、刘智勇，2007；徐朝阳，2010；刘小鲁，2011）；通过对技术创新的诱发作用促进经济增长。姚明明等（2014）认为，商业模式设计与技术创新战略的匹配对后发企业技术追赶绩效有显著影响，不同的匹配对绩效的影响结果不同。傅晓霞和吴利学（2013）通过引入同时包含国内技术开发和国外技术引进的知识生产函数，构建了基于后发经济的内生技术进步增长模型，从而探讨了赶超国家技术创新和经济增长的决定机制，并特别关注国内外技术差距、国内技术创新路线和资本积累过程的影响。

二　市场创新的研究与绩效

通过对文献的研读不难发现，无论是理论研究的学者还是企业实践的操作者，更多地将创新的焦点聚集于产品层面或技术层面，更多地关注技术创新，对市场创新的研究和探讨相对较少。实际上，在进行技术创新的同时，企业都已经或多或少地思考了市场创新的新选择，无论这是其无意识行为还是有意为之而产生附加收益（许庆瑞、朱凌、王方瑞，2006）。企业或者选择开发当前主流市场，或者拓展较为高端的其他市场，或者探索不同于主流市场的新兴市场或低端市场，但无论企业如何进行定位选择，Benner & Tushman（2003）认为只有技术创新和市场创新的有效协同才能实现企业的可持续发展。Zhou，Yim & Tse（2005），Day & Moorman（2010）明确提出了技术创新和市场创新的概念，这些概念可以作为区别两者的依据。市场创新，与单纯的地理视角下的市场扩张不同，是指企业开拓新的细分市场或顾客群体，挖掘并且主动提供不同于主流市场的顾客价值，其主要体现为脱离目前所在的主流市场；而技术创新的目的是改善既有的顾客价值，其可能与产品和市场相关，手段是采用新的或先进的技术。March（1991）认为可以从两个方面对技术创新与市场创新进行区别：一是市场方面，市场创新主要体现在挖掘和提供不同于主流市场的新兴的或潜在的顾客价值，其强调新兴市场的需求；而技术创新则是通过先进的科学技术手段，为已有的主流顾客群体提供或创造更高的顾客价值，其更加强调主流市场的需求。二是技术方面，市场创新往往可以通过既有的技术或商业模式进行改变，不一定需要借助巨大的技术进步；而技术创新则通常表现为对先进的、顶尖的技术进步的追求。进一步地，Day & Moorman（2010）认为，技术创新的风险要低于市场创新，因为新兴或潜在的分销渠道或者顾客需求往往是不熟悉的，同时也表现为市场知识和信息的难以获得或难以准确获得；同样地，高风险往往伴随着高收益，成功的市场创新不仅能够帮助产品提供者寻找新的盈利增长点，而且能够帮助企业规避激烈的主流市场竞争，进而达到充分挖掘已有产品、技术或顾客潜在价值的目的。类似地，Hang, Chen & Yu（2011）认为，有一种情况可以作为企业进行和实现破坏性创新的基础和前提，即致力于寻找更具竞争力的竞争对手所忽视的那部分新兴市场或低端的顾客群体，并为这部分区别于主流消费者群体的企业顾客群体提供独特的价值组合。尤其值得学者们关注的是，市场创新和技术创新的协调统一是企业获得创新绩效和最优绩效的保障，一个企业的成功创新不能仅仅依靠单一的技术创新或单一的市场创新，许庆瑞、朱凌和王方瑞（2006）使用案例比较分析方法，对海尔和清华同方两家企业的分析表明，企业获得发展能力（无论是短期竞争盈利还是长期竞争能力）的关键是实现技术创新与市场创新的协同效应。

产品提供者的市场创新不仅拓展了企业活动的空间范围，而且为企业的生存和发展提供了区别于主流消费群体的全新土壤，其体现为资源利用和资源获取两个方面（Koza & Lewin, 2000）：资源利用方面，保障了产品需求的持续增长，充分利用了企业的已开发资源，拓展了既定产品的区别于主流消费者群体的市场需求，促进了产品销售额的增长；资源获取方面，为产品提供者拓展了获取资源的空间思维，提供了开发区别于主流消费者群体的区位资源和知识资源，获取了企业发展的全新市场创新灵感。Cantwell & Piscitello（2000）认为，企业想提升技术创新的能力和绩效，可以通过进行市场创新的方式接近知识源；企业国际化的市场创新行为主要是通过强化企业的创新能力和增加企业恰当的创新行为两种方式影响企业的创新绩效（Kafouros 等，2008）；其中，企业的研发国际化就是以创新为导向的一种主动市场创新行为（Hsu, Li-en & Chen, 2015）。

市场创新绩效的衡量存在多样性和复杂性，综合国内外学者的研究，可以从使用数据、研究方法和研究对象三个层面进行分析。从数据层面来看，测度市场创新绩效的数据来源主要有两种：一是通过问卷访谈等形式获取一手的数据资料,二是通过统计年鉴或各类数据库等获取二手分析数据。一手数据更具有针对性和时效性,普遍用于市场创新绩效的微观研究,其中以中国为背景的代表性研究如 Baker & Sinkula（1999）,张炜（2007）,张永胜、刘新梅和王海珍（2009）,张婧和段艳玲（2010）以及阳银娟和陈劲（2015）;二手数据具有获取迅速、成本较低、公信度较高等特点,多用于宏观、中观行业等方面的研究,其中以中国为研究背景的代表性研究如崔新健和吉生保（2008）,盛垒（2010）,马述忠、吴国杰和任婉婉（2014）,祝影和史晓佩（2016）。研究方法主要包括两类:一是以回归分析为核心的参数分析方法,二是以数据包络分析（DEA）为代表的非参数分析方法。Sorescu & Spanjol（2008）在将创新按程度划分为渐进式创新、突破式创新、意外的渐进式创新和意外的突破式创新的基础上,采用了参数分析方法研究不同类型的创新对公司价值和公司绩效的影响;张永胜、刘新梅和王海珍（2009）在将产品创新效率划分为"计划有效性"和"执行效率"两个维度的基础上,采用了参数分析法"研发或市场"职能整合对产品创新绩效的影响;Lazzarotti, Manzini & Mari（2011）则采用了非参数方法从客户、财务、创新学习、内部联盟、外部网络五个角度对研发绩效进行量化评价;越来越多的学者运用 DEA 方法对东道国的市场创新绩效进行分析,如 Liu & Lu（2010）,李建英和慕羊（2015）等。研究对象层面,涵盖了传统制造业、高技术产业和战略性新兴产业三个方面,就传统制造业而言,Baker & Sinkula（1999）使用了引入新产品的及时性、数量和独特性三个维度对新产品的绩效进行测度;张婧和段艳玲（2010）将 Baker 和 Sinkula 的研究进一步扩展到企业产品创新绩效的测度上;就高技术产业而言,阳银娟和陈劲（2015）在已有研究文献的基础上,结合调研分析结果,对中国高技术制造企业的创新绩效指标进行了梳理,形成了一个指标体系;就战略性新兴产业而言,李雪灵、姚一玮和王利军（2010）从创新性、风险承担性和先动性三个维度研究了积极市场导向对新企业创业导向和创新绩效之间关系的中介作用;同时,Tsai(2009)从网络和联盟的角度对市场创新的绩效进行了相关研究。

无论是技术创新还是市场创新,都能够通过多种途径为企业带来战略优势,见表2-5。

表2-5　　企业通过技术创新和市场创新获得战略优势的途径

创新途径	战略优势	市场/技术创新侧重	代表人物
新产品或新服务	提供独一无二的产品或服务	市场创新 技术创新	Solo (1951);傅家骥(2001)
新工艺	以其他企业不能比拟的方式提供速度更快、价格更合理或更具定制性的产品或服务	市场创新	许庆瑞、朱凌和王方瑞(2006);Day & Moorman (2010);刘小鲁(2011)
复杂型创新	用其他公司难以掌握的技术提供产品或服务	技术创新	Schumpeter (1947);王小鲁、樊纲和刘鹏(2009);Belloc (2012)
知识产权法律保护	提供其他人必须付出许可费或其他费用才能使用的产品或服务	技术创新	Gerschenkron (1962);Akcomak & Weel (2009);吴超鹏和唐菂(2016)
增加/拓展竞争性因素	转移竞争基础——如从价格竞争转变为价格质量竞争或价格、质量和选择性的竞争	市场创新	March (1991);Koza & Lewin (2000);张永胜、刘新梅和王海珍(2009)
时间因素	先行优势——在新产品领域成为先行者意味着能够占有极大的市场份额	市场创新	Lazzarotti, Manzini & Mari (2011);李建英和慕羊(2015)
	快速跟进优势——先观察先行者初期的错误,迅速推出后续产品	技术创新	Hiller等(2011);陈建勋和杨阳(2012)
稳健设计	生产能够为其他产品的更新和变化提供平台的产品	市场创新 技术创新	Kamein & Schwartz (1982);姚明明等(2014)
规则重建	提供一种全新的产品或工艺概念,一种完全不同的做事方式,这种新产品或理念淘汰了原来的产品	技术创新 市场创新	Benner & Tushman (2003);Cantwell & Piscitello (2000);傅晓霞和吴利学(2013);祝影和史晓佩(2016)

续表

创新途径	战略优势	市场/技术创新侧重	代表人物
重新组合各部分	重新考虑各个部分联合工作的方式，如外购或与网络公司合作等	市场创新 技术创新	崔新健和吉生保（2008）；Sorescu & Spanjol（2008）；Tsai（2009）；盛垒（2010）；马述忠等（2014）
其他	所有新的做事方式、能够获得战略优势的方式，以及能够获得和保持竞争优势的方式都是创新	技术创新 市场创新	寇宗来、张剑和周敏（2007）；易先忠、张亚斌和刘智勇（2007）；Kafouros 等（2008）；徐朝阳（2010）；Hang, Chen & Yu（2011）；Hsu, Lien & Chen（2015）

资料来源：[美] 玖·笛德等：《创新管理：技术变革、市场变革和组织变革的整合》（第二版），清华大学出版社 2004 年版。

第四节 企业社会责任承诺的履行

一 企业履行社会责任的内部组织属性

企业履行社会责任的一系列活动经常被看作企业营销战略的一部分（Davis, 2005；Gruber & Schlegelmilch, 2015；Luo & Bhattacharya, 2006）或者是企业为了推销其产品而进行的拓展战略（Porter & Kramer, 2006）。Orlitzky, Siegel & Waldman（2011）认为，将企业社会责任作为一种营销战略，在现今特色的时代背景下变得越来越重要，不仅能够提升企业的竞争力（Lichtenstein, Drumwright & Braig, 2004；Attig 等, 2013；Kang, Germann & Grewal, 2015），而且能够为企业带来全球的战略绩效和财务绩效（Zou & Cavusgil, 2002）。过去，学术界仍存在着一系列企业是否应该履行社会责任的争论，包括认为企业的边界或存在的目的和意义就是盈利，而对社会责任承诺的履行则不在企业的义务范围内，以及认为为了企业的长期发展、长期收益或子孙后代的生存环境，企业有义务且必须积极主动地承担社会责任。现今，这个争论则更多地转移至跨国企业或者想要拓展海外市场的企业应该发起何种类型的企业社会责任活动（Peng & Pleggenkuhle – Miles，2009），应该在各国执行全球统一的、标准化的企业社会责任战略还是针对东道国的不同而设计有所区别的社会责任战略（Husted & Allen，2006；Khan，Lew & Byung，2015；Altuntas & Turker，2015）。这些研究聚焦于企业什么时候或者为什么进行企业社会责任的全球化战略，以及想要拓展海外市场的企业应该在多大程度上针对不同国家、不同区域实施不同的企业社会责任履行战略。无论是针对企业社会责任战略标准化还是东道国的差异化研究，无一不在表明想要拓展海外市场的企业履行社会责任的重要性和必要性。也就是说，随着全球企业的发展和消费者需求的明确和增加，企业是否需要履行社会责任已不再是学者们研究和关注的重点，企业应该如何履行社会责任已经随着时代发展被提到了战略位置。

想要拓展海外市场的企业具有四个关键的内部组织属性，分别是：全球导向、国际化经验、拓展海外市场的企业条件和企业管理者承诺。这四个因素对于跨越不同市场进行产品营销和企业社会责任活动履行的程度，以及企业社会责任活动的标准化、一致性和整合性的程度都具有重要的作用。（1）全球导向是指想要拓展海外市场的企业在广泛的组织范围内重视的是全球范围内的成功，而不是某一个海外国家的成功（Zou & Cavusgil，2002）；（2）国际化经验指的是企业对于国际市场的了解程度，以及其有效在海外市场运行的技巧（Douglas & Craig，1989），正如 Zou & Cavusgil（2002）认为，一个拥有全球导向和/或实质性国际化经验的企业，非常适用于使用全球化的营销战略，同样适用于企业社会责任战略的实施和履行；（3）拓展海外市场的企业条件是指企业的自主性和能力（Mcwilliams & Siegel，2001），也就是企业能够切实履行社会责任承诺的水平或实施企业社会责任战略、建立国家化品牌的能力；（4）一个企业对社会责任承诺的履行和正式战略的实施与管理者的个人价值观息息相关（Hemingway & Maclagan，2004），企业管理者承诺被描述为一个管理者通常的决策、行动和行为是否对社会有益的，以及其正确和道德的程度。当管理者承诺具有较高水平时，想要拓展海外市场的企业管理者会强调企业应该在全球范围内履行社会责任承诺。

二 企业履行社会责任的外部环境特征

内部组织的属性只能提供企业履行社会责任行为的一部分解释，外部的环境特征也是企业拓展海外市场，履行企业社会责任不得不考虑的重要因素。外部环境特征被定义为能够影响全球企业社会责任战略的外部力量和因素，其是想要拓展海外市场、建立较好的消费者感知的社会责任的企业在东道国的重要外部驱动因素，其与企业所在母国的市场特征可能存在巨大差异。先前的研究已经考察了决定企业社会责任承诺履行的企业层面的影响因素，如东道国的制度、文化、经济发展水平（Campbell，2007；Chiih，Chih & Chen，2010；Jones，1999；Yang & Rivers，2009；Campbell，Eden & Miller，2012），道德伦理（Doh，Husted & Yang，2014；Khan，Lew & Byung，2015）或者不同的利益相关者（Park，Chidlow & Choi，2014；Terres 等，2012）。

除此以外，还有影响想要拓展海外市场的企业进行企业社会责任活动履行的五个因素，分别是政府规章的力度、社会或区域标准的强烈程度、文化和社会经济特征、道德系统或认知度以及来自同行竞争者的压力。

第一，海外市场当地政府的规章制度包括税收、所有权法律、行业标准，以及能够传达一个企业在国际背景下的行为能否被当地社会接受的其他规则和制裁等（Marquis & Qian，2013；Waagstein，

2011)。由于企业必须应对并承担在海外推广产品、作为海外公司的责任，所以东道国的制度因素对于想要拓展海外市场的企业具有更为重要的意义（Kostova & Zaheer，1999）。任何试图拓展海外市场，实施企业社会责任战略的企业都必须深刻理解东道国市场的制度环境（Khan，Lew & Byung，2015），对于制度的变化如何影响在海外的企业社会责任履行的理解是至关重要的（Greenwood & Suddaby，2006）。

第二，社会或区域标准是企业在海外市场履行社会责任承诺的主要原因（Lichtenstein，Drumwright & Braig，2004）。例如，Katsikeas、Samiee & Theodosiou（2006）认为想要在全球不同市场实施标准化的营销战略和企业社会责任战略需要考虑许多诸如政策条件、习俗、传统和消费者特征等异质性因素；这不仅与正式的如政府规章制度等制度政策有关，而且也与如社会标准和宗教价值观等非正式的社会/区域标准密切相关。

第三，适用于高度工业化的发达国家的企业社会责任实践是否适用于具有文化和社会经济特质性的新兴或发展中国家，或者说可否将在发达国家实施的企业社会责任战略直接应用于新兴或发展中国家市场是受到质疑的（Egri & Ralston，2008；Jamali & Mirshak，2007）。拓展海外市场企业实施的具体的社会责任活动应该反映特定海外市场的社会状况，即企业需对拟进入的海外市场现存的特定问题进行回应，进而实施相应的社会责任活动。例如，Kolk & Lenfant（2010）认为鉴于非洲当地的环境恶化、冲突和严重的贫穷情况，"作为一个根深蒂固的观念，企业社会责任的履行应该反映非洲的现实情况，考虑当地特定的历史和文化因素"（Kolk & Lenfant，2013）。Roth（1995）也认为在将品牌形象应用到不同的海外市场时，应该强调在文化和社会经济因素方面的跨文化和跨境差异的重要性。与此同时，Campbell，Eden & Miller（2012）认为企业所在的国家与其拟拓展的海外市场之间的文化和社会经济距离能够为企业在海外实施何种的企业社会责任战略，履行什么样的企业社会责任活动提供重要的启示和指导。

第四，为了创建并且成功地实施一个清晰、一致的海外政策和企业社会责任战略，任何企业都必须面对企业所在国和拟拓展的海外市场之间的道德冲突（Donaldson & Dunfee，1999）。不同群组的道德系统或认知度的差异是由于这些群组之间的历史、宗教和民族背景导致的（Wiele 等，2001），想要拓展海外市场的产品提供者必须面对不同类型的道德伦理形态，并将其考虑进企业的政策制定以及企业社会责任决策中。事实上，组织的价值观必须服从外部的道德秩序，尽管这种秩序并不是企业"行为的唯一和最终仲裁者"（Golembiewski，1965）。

第五，毋庸置疑，产品提供者在计划和实施如何在海外市场履行企业社会活动时，企业管理者必须关注他们的同行竞争者。Khan, Lew & Byung（2015）认为，当同行竞争者增加了对海外市场的社会责任活动，并且使其社会责任承诺的履行更加透明化时，这些社会责任行为和活动将更可能影响其他企业自身的社会责任活动和战略。

对于欲拓展海外市场的企业而言，无论新兴或发展中国家市场，还是高度工业化的发达国家市场，其社会责任活动的展开和承诺履行都必须遵循与关注内部的组织属性和外部的环境特征，见表2-6。

表2-6　　　　企业社会责任履行的主要因素及代表人物

层次	主要因素	主要代表人物
内部组织属性	全球导向	Zou & Cavusgil (2002)
	国际化经验	Douglas & Craig (1989); Zou & Cavusgil (2002)
	拓展海外市场企业条件	Mcwilliams & Siegel (2001)
	企业管理者承诺	Hemingway & Maclagan (2004)

续表

层次	主要因素	主要代表人物
外部环境特征	政府规章的力度	Kostova & Zaheer（1999）；Greenwood & Suddaby（2006）；Waagstein（2011）；Marquis & Qian（2013）
	社会或区域标准的强烈程度	Lichtenstein, Drumwright & Braig（2004）；Katsikeas, Samiee & Theodosiou（2006）
	文化和社会经济特征	Roth（1995）；Egri & Ralston（2008）；Kolk & Lenfant（2010）；Campbell, Eden & Miller（2012）；Kolk & Lenfant（2013）
	道德系统或认知度	Golembiewski（1965）；Donaldson & Dunfee（1999）；Wiele 等（2001）
	来自同行竞争者的压力	Khan, Lew & Byung（2015）

资料来源：作者整理。

第五节 简略的评述

一 关于形象理论演化的评述

通过国外文献的检索和研读不难看出，国外研究者们已经从多角度对产品形象理论进行了长期深入的研究，且形成了较为系统的理论体系。经济学家哈耶克（Hayek）结合"内在秩序"和"外在秩序"两个视角剖析了产品形象的构成，而由品质形象、视觉形象和社会形象三个层次构成产品形象的理论已经得到了共识。在产品形象概念的基础上衍生出了包括基础系统、产品应用推广和产品应用基础在内的三大子系统。产品形象与品牌密不可分，国外研究者们对品牌形象的概念也经历了感知论、联想论和组合论等主要派别的演化。创造产品和品牌的背后是企业，加之随着经济全球化和国际贸易推动生产销售国际化进程的加速，在产品形象和品牌形象研究的基础上，国家形象也引起了学者们的关注和重视。他们认为国家形象的重要体现是产品形象，并从信念论、印象论、感知论和声誉论等角度深入剖析了国家形象的内涵和相关理论。

由国内文献检索可知，国内学者对产品形象相关理论的研究尽管起步较晚，但是研究较为深入，研究结论也不完全拘泥于国外学者的观点；而且研究得非常细致，主要的研究方向包括产品形象内容、产品形象设计、产品形象识别和产品形象评价等方面。在品牌形象研究方面，国内学者更加关注定量分析模型的引入和实践，开创性地提出了诸如忠诚因子法和品牌综合忠诚度复数测度及策略导向模型等先进研究手段。另外，中国经济的整体崛起和中国企业的"走出去"都为国内学者提供了重要的研究素材，通过数据统计和对比分析等手段，当前国内企业在品牌建设方面存在的问题得到了及时暴露和改进；而如何通过完善产品海外形象进而塑造"中国创造"形象正成为目前国内学者研究的重点和热点，它具有重要的实践意义。

由此可知，尽管国外学者在产品形象、品牌形象、品牌资产和国家形象等相关理论演化方面起步较早，并取得了重要成绩，但仍然缺乏以中国为代表的新兴市场或发展中国家的产品海外形象的深入剖析。也就是说，如何完善中国产品的海外形象已经引起国内外学者的广泛关注，其与现存理论研究的相似之处和研究差异已经成为一个重要话题和研究领域。因此我们在应用现有的产品形象、品牌形象、企业形象以及国家形象理论开展本书研究时，决不能生搬硬套，必须牢牢把握当前国际经济发展的新形势，从我国企业实际出发，结合国内和海外重视关注的各项关键因素，针对存在的问题进行客观研究，得到的研究结论才具有科学性和合理性。

二　国内外研究现状与发展动态的评述

国外学者对国际品牌、创新和企业社会责任的履行等问题的研究较早，已发表和出版一批学术成果。这些研究成果大部分都是不同国家学者从不同角度和不同行业为切入点对发展国际品牌问题、实现创新绩效以及实现履责承诺的效益等进行研究的。由国外的文献检索与回顾可知，英文文献中对于"产品形象"更多的是有关"product image"的研究，也就是对产品视觉形象的设计，而不是对包含顾客感知的产品所有形象的研究；并且在各种国际营销类的期刊文献中，关于"product image"的研究主要是针对"brand image"的研究，也就是关于品牌形象的研究。国外学者关于品牌形象和品牌资产理论的研究主要集中在两者的概念界定、品牌形象的品牌资产的构成、品牌形象结构模型以及品牌形象与国家形象，而提升产品海外形象是提升一国整体产品形象、发展国际知名品牌或者实施品牌国际化战略的重要内容，因此产品海外形象体系的研究应成为形象研究的重要组成部分。

与此同时，就创新的研究现状与发展动态而言，已有研究主要从技术创新的层面论述创新的重要性及其创新绩效和企业绩效或财务绩效，并在此基础上展开两种创新的相关研究；相对于技术创新，尽管较多学者的研究提出并强调了市场创新在企业进行创新的重要作用，但也只是做了蜻蜓点水般的简单介绍或附属性讨论，或者作为进一步的研究方向被提及，有关市场创新各角度的深入探讨、分析、研究和实证检验，抑或是市场创新的作用机制或是发展方式模式等方面的讨论都略显单薄或并不明晰。鉴于市场创新对于企业发展的同等重要作用，从这个角度展开对创新的思考和研究显得尤为重要。就企业社会责任而言，关于企业是否应该履行企业社会责任承诺，企业社会责任承诺的履行能够为企业和社会带来的贡献等问题的讨论已渐趋明朗，理论界的学者和实践界的管理者开始更多地关注和讨论应该如何实施企业社会责任的问题，开始关注和讨论企业在拓展海外市场的过程中，应该采取全球统一的标准化社会责任战略还是应根据东道国或拟拓展的海外市场的特点进行有针对性的社会责任行为。

国内学者除对品牌价值评价的研究进行大量深入的研究外，专门针对国际品牌问题的研究大部分则停留在描述或一般性说明，研究内容尚未形成一个体系，具体内容主要涉及品牌价值评价、国际品牌形象、我国国际品牌建设现状及存在问题、国际品牌特征、发展国际品牌模式、品牌国际化策略与建议以及其他主题等。单独研究社会责任或创新的相关文献，尤其是近些年的研究成果呈现高速增长的趋势。总体而言，我们发现国内学者就如何提升中国产品海外形象的问题缺乏系统性研究，真正将提升产品海外形象与发展国际品牌结合起来的研究，将其与创新、社会责任结合起来的研究更是不多见。

三　有待研究的问题

通过上述三个方面的研究现状及发展动态的综述分析，我们发现国内外已对创新、社会责任与产品形象分别开展了一系列研究，但仍存在以下诸多有待研究的问题。

第一，当前国内外学者对品牌形象的具体内容研究较多，但对产品形象，特别是对中国产品海外形象缺乏系统性、战略性的研究。为此，在全球化与新常态背景下，亟须以产品海外形象理论为基础，通过产品形象战略寻求国际竞争新优势，构建一套符合全球化、科学性、前瞻性特征的提升产品海外形象的战略研究框架，剖析全球价值网络下提升中国产品海外形象的战略模式以及路径创新。

第二，在研究提升中国产品海外形象时，有三个问题尚需引起高度重视：一是必须把提升中国产品海外形象的战略模式嵌入被全球消费者广泛关注的重点因素下展开研究，才有利于提升中国产品的国际竞争力；二是针对产品生产地与消费地相分离的问题，考虑异质性条件下提升我国产品海外形象如何应用不同的战略模式与路径优化；三是必须紧密联系中国国情，创建与完善提升中国产品海外形象的促进与保护体系问题，探讨如何将创新和社会责任转化为产品海外形象，如何进行商业变现的问题。

第三，中国产品海外形象提升的主要障碍，除产品自身的品质、创新水平不足外，很大程度上是对国外市场的文化习俗、制度系统等的不适应和不了解，包括法令法规、规范惯例等。也就是说，中国产品要想在国际市场，在西方发达国家市场或海外新兴市场提升产品海外形象，除了要分析了解这些特定类型国家市场的固有消费者特征之外，认识到海外国家与中国的文化差异已经成为更为重要的背景因素；并了解其对基于市场的创新和基于技术创新的需求，以及其对社会责任承诺履行的重要要求，通过创新驱动和履责行为获得中国产品海外形象的提升。

第四，产品海外形象问题的研究已经不仅仅是形象的识别问题，还包括了内在形象、外在形象和社会形象的有机结合和协调统一。我们不仅要重视对中国产品海外形象的理论基础、影响因素、作用机理以及评价体系的研究，还要注重应用全球契约与全球社会责任体系（ISO26000）、应用海外并购品牌战略来提升中国产品海外形象问题的研究；注重如何迎合海外市场消费者对企业社会责任的关注与偏好，切实实现以最小的成本实现最大的消费者满意度效益，从而提升中国产品在海外社区的总体形象。

第 三 章

产品海外形象提升的理论框架与数据准备

第一节　提升产品海外形象的运行机制

一　运行机理的分析

通过创新和社会责任提升产品海外形象，无论是处于经济发展程度较高的发达国家市场，还是在迅速起步的海外新兴市场，其机制的运行都由两条相互连接、相互渗透的链结合而成，分别是资金运作链和行为效应链。资金运作链起始于产品的提供者，创新与社会责任的发起者，经过对海外市场消费者的定位、市场导向及市场关系的剖析、创新与社会责任的变现能力等中间环节，以产品所属企业为终点；行为效应链的两个端点是创新与社会责任发起主体和产品的海外形象，中间环节是全球市场、新兴市场、发达国家市场等不同区域消费者的整体价值链，以及创新和社会责任的变现路径。以提升中国产品海外形象为例，这些变现能力包括海外消费者对中国企业的识别度、对中国产品的忠诚度、以及对中国企业能力所持有的信念等。产品提供者发起行为效应链的目的是顺应品牌发展规律，让更多的海外消费者卷入企业产品的生产、供应、销售和服务环节，增加其对产品提供者参与市场创新、技术创新和履行企业社会责任承诺各环节和路径的了解和偏好，以期通过产品提供者期望/预设的商业变现路径提升产品海外形象。行为效应链隐含在资金运作链内，资金运作链显现在行为效应链中，共同构成创新与社会责任提升中国产品海外形象的运行机理，这个运行机理以产品提供者和消费者之间的关系为表现形式，如图3-1所示。由图3-1中的表现形式可以看出，产品海外形象的驱动因素包含但不仅限于产品品质、消费者感知的企业社会责任、技术创新、市场创新和绿色信任。产品供应者通过对不同地区、不同经济发展程度的海外消费者市场进行定位与分析，了解目标顾客群价值链中的隐性和显性需求，确定应将有限的资源配置到哪个或哪些主要驱动因素上，同时确定对各因素投入的资金/资源比例，这些资金和行为的投入将无形地影响海外消费者是否能够识别产品提供者与其他相似企业的区别，影

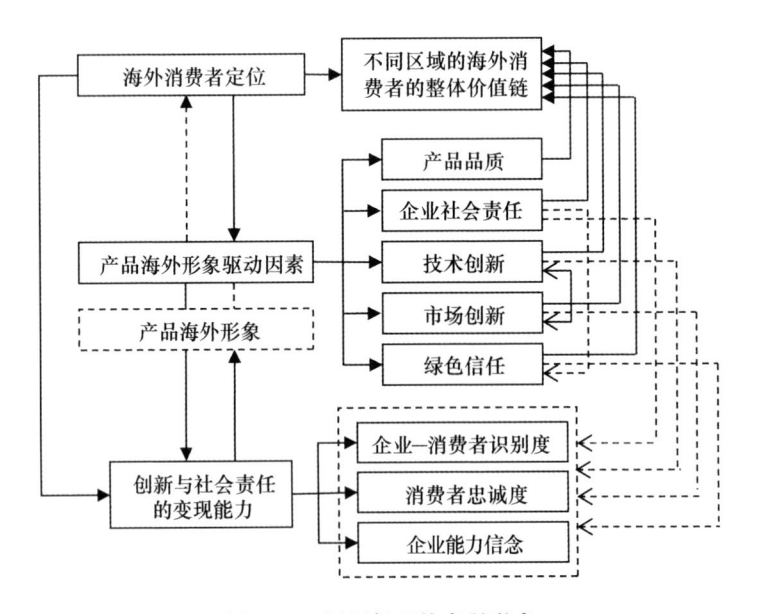

图3-1 运行机理的表现形式

资料来源：作者整理。

响海外消费者对产品的喜爱、专一或推广程度，以及影响其是否对企业能够长久坚持价值创造、创新或履行社会责任承诺等抱有信心。进而，企业—消费者识别度、消费者忠诚度和企业能力信念这三条路径直接决定了产品提供者对创新和社会责任的投入跨越商业变现鸿沟，并最终决定了其产品在海外消费者心中形成的总体印象，这个印象反过来同时再次作用于产品提供者对海外消费者的定位，以及其对创新和社会责任的再投入。

二 概念模型的形成

根据对资金运作链和行为效应链的分析，形成了创新和社会责任提升产品海外形象的运行机理；依据这个运行机理的表现形式，可以识别出机制的构成要素。第一，根据海外市场的区位差异，按经济发展程度的不同区分为新兴市场/发展中国家市场和海外发达国家市场，在每个市场上可以针对消费者整体价值链的隐性或显性需求，进行消费者定位，确定目标市场的导向，识别进入目标市场的机会，以及开发建立新市场关系的专业知识和技能；第二，实施创新驱动形象提升的战略可以从基于技术的创新和基于市场的创新入手，培育进行二次创新或者自主创新的能力；第三，在 ISO26000 获得广泛关注的今天，如何履行其中的七大核心主题（组织治理、人权、劳工实践、环境、公平运行实践、消费者问题、社区参与和发展），如何提升海外消费者感知的企业社会责任，增加其对企业绿色程度的信任，已经成为产品提供者履行社会责任承诺需要关注的重要方向和问题；第四，产品提供者拟提升的产品海外形象包括核心形象、外围形象和社会形象三个方面的五个类别，分别是 Nagashima（1977）定义的价格和价值、服务和管理、广告和声誉、设计和风格以及消费者或顾客资料；第五，消费者是否或在多大程度上了解企业对创新和履责行为的贡献，对企业产品的接触度以及对企业行为的认同程度，即其卷入产品提供者进行产品循环的水平务必将影响其最终对产品形象的感知；第六，在创新和社会责任已经被口号化或标签化的当今时代，产品提供者对两者的投入多大程度上能够转化为有形的或无形的产出，这种变现能力可以从企业—消费者识别度，消费者忠诚度和企业能力信念三个角度进行考察，变现能力的界定和理论依据详见第七章第二节。

结合上述识别的机制构成要素，形成创新和社会责任提升产品海外形象的概念模型，如图3-2所示。

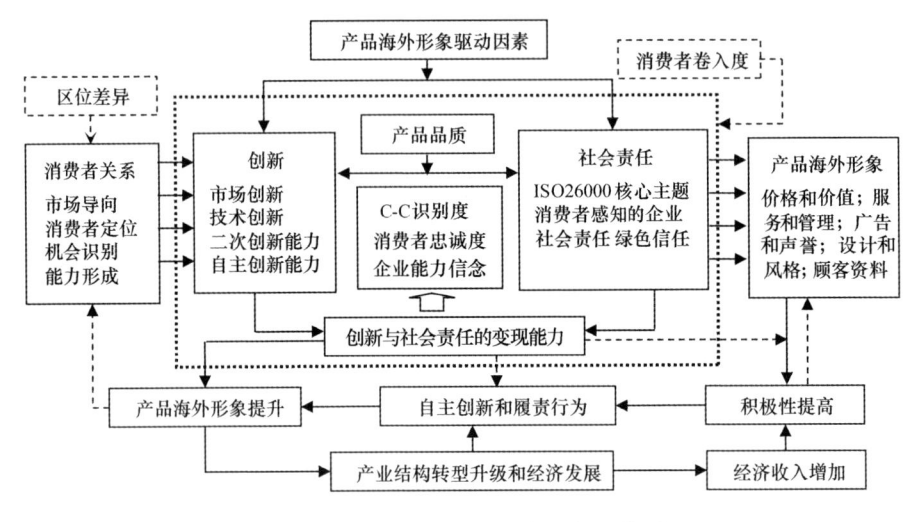

图3-2 提升产品海外形象的概念模型

资料来源：作者整理。

创新驱动战略的主体对市场创新、技术创新以及二次创新能力、自主创新能力进行投入，根据目标市场海外消费者对企业社会责任和绿色程度的要求履行社会责任承诺，披露企业社会责任信息，增加中国企业与海外消费者之间的识别度，提高消费者的忠诚度，以及海外消费者持有的对中国企业能力的信念，实现由创新和社会责任组成的知名度转化为品牌，转化为正向的产品海外形象，跨越商业变现的鸿沟，提高企业进行创新和社会责任行为的积极性，加大发起主体对创新的投入，促进企业履行社会责任的行为，从而持续提升产品海外形象，同步实现产业结构的转型升级和经济社会的全面发展。由此，以期避免离开经济效益谈创新与社会责任（"缘木求鱼"方式），同时避免离开创新与责任讲短期经济收益（"竭泽而渔"方式），尽快改变目前存在的诸如重经济绩效、轻创新轻社会责任，创新与责任滞后于经济效益，以及单纯依靠行政手段推进创新、保护环境等行为倾向，真正使创新和社会责任履行融入企业的利润循环效应之中，形成创新和履责行为提升产品海外形象，促进经济效益的实现，经济效益推动自主创新投入、履行企业社会责任行为，持续提升产品海外形象的良性循环。

第二节 提升产品海外形象的理论框架

一 全球市场的研究框架与理论模型

综合以上概念界定、理论基础、运行机制和概念模型，使用 Nagashima（1970，1977）的概念和分类来界定中国产品海外形象，既考虑了中国作为产品来源国的形象，也能够衡量在中国以外的国家市场中消费者如何看待中国产品，并且排除了两者差异的干扰；同时从三个维度出发，考察市场导向对产品海外形象的影响。消费者对企业绿色发展的信任程度（绿色信任）和其对企业社会责任履行的感知形成了责任维度，技术创新和市场创新组合为创新维度。根据市场导向，责任、感知品质、创新三个维度以及产品海外形象这五者的关系，形成全球范围内研究创新、社会责任对产品海外形象影响的理论框架，如图 3-3 所示。

根据上述研究思路和框架，需要检验创新、感知品质以及社会责任在市场导向和产品海外形象之间的中介效应。模型中包含市场导向（Market Orientation）这个前置自变量（X），反映创新的技术创新（Tech‐based Innovation）和市场创新（Market‐based Innovation），由感知的企业社会责任（Perceived Corporate Social Responsibility）和绿色信任（Green Trust）组成的责任，以及感知品质

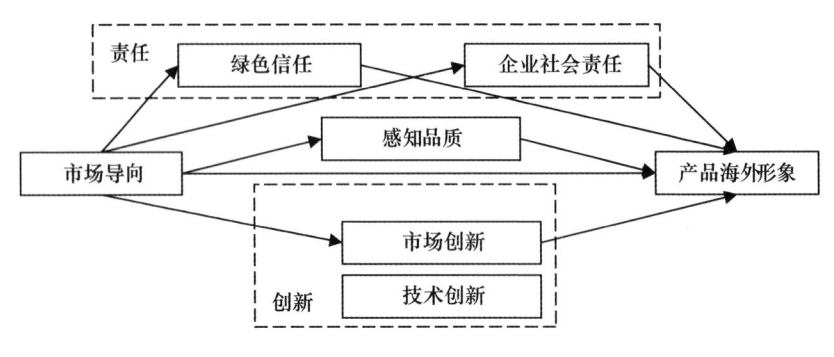

图 3-3 全球市场的研究框架

资料来源：作者整理。

（Perceived Quality）这五个中介变量（M），因变量（Y）是产品海外形象（Products Overseas Image，POI）。根据 Preacher（2008）的多重中介模型构建全球市场的模型：

$$\begin{cases} POI = \beta_0 + \beta_1 MrkeOrient + \beta_2 InnoM \\ \qquad + \beta_3 InnoT + \beta_4 pCSR + \beta_5 GreTru + \beta_6 pQual + \varepsilon \\ X = \beta_1 MrkeOrient + \varepsilon_1 \\ M = \beta_2 InnoM + \beta_3 InnoT + \beta_4 pCSR + \beta_5 GreTru + \beta_6 pQual + \varepsilon_2 \end{cases}$$

(3.1)

其中，POI 表示产品海外形象，*InnoM* & *InnoT* 分别表示市场创新和技术创新，*pCSR* 表示消费者感知的企业社会责任，*GreTru* 代表绿色信任，*pQual* 表示感知品质。可依据式（1.1）至式（1.6）对此多重中介模型进行检验，具体实证检验结果和分析见第四章第三节。

二 新兴市场的研究框架与理论模型

中国企业是否应该决定在企业社会责任中扮演一个更积极的战

略性角色，小心地审视目标海外市场消费者的信仰以及应该如何对待其社区和环境，这些企业需要如何接受挑战并利用对可持续性的需求来加速创新（Nidumolu，Prahalad & Rangaswami，2009），已经成为深入研究发展中国家消费者对中国产品形成积极印象的关键问题，成为剖析中国产品在海外形象提升的主要路径。产品提供者只有使用全面的定位框架才能清楚掌握潜在消费者现在或将来可能的需求，识别出可能的消费者满意因素。这样的消费者定位可以创造更多的价值，从不同的角度提升产品在消费者心中的形象，因此，依据提升产品海外形象的运行机制和概念模型，结合新兴市场与全球市场和海外发达国家市场的区别，新兴市场提升产品海外形象的研究框架如图3-4所示。

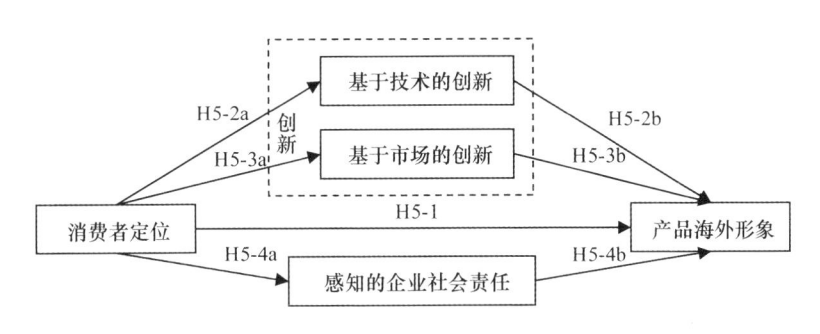

图3-4 新兴市场的研究框架

说明：图中的H5-1，H5-2a/b，H5-3a/b和H5-4a/b表示在新兴市场提升产品海外形象的研究假设，具体假设内容和实证分析与结果详见第五章第二节和第三节。

资料来源：作者整理。

根据新兴市场的研究思路和框架，需要检验创新和感知的企业社会责任的中介效应。模型中包含消费者定位、技术创新、市场创新和感知的企业社会责任三个自变量（X），其中，反映创新的技术创新和市场创新以及感知的企业社会责任是中介变量（M），因变量（Y）是产品海外形象。同样使用Preacher（2008）的多重中介模型构建在新兴市场提升产品海外形象的模型：

$$\begin{cases} POI = \beta_0 + \beta_1 ConsOrient + \beta_2 InnoM + \beta_3 InnoT + \beta_4 pCSR + \varepsilon \\ X = \beta_1 ConsOrient + \varepsilon_1 \\ M = \beta_2 InnoM + \beta_3 InnoT + \beta_4 pCSR + \varepsilon_2 \end{cases}$$

(3.2)

其中，*ConsOrient* 表示消费者导向，*POI* 代表产品海外形象，*InnoM* & *InnoT* 分别表示市场创新和技术创新，*pCSR* 表示消费者感知的企业社会责任。依据第一章研究方法中的式（1.1）至式（1.6）对此多重中介模型进行检验。

三 海外发达国家市场的研究框架与理论模型

海外发达国家市场相较于新兴市场或发展中国家的海外市场更加成熟稳定，经济发展水平相对更高，生产力水平较为发达，技术较为先进，经济运行机制较为成熟，国际化程度和消费者的生活水平也较高，相对应地，对于其消费者关系的定位与导向也应有所差异和细化。与利益相关者建立友好关系的企业也正在由传统的市场向新的市场关系拓展，建立多重市场关系以及与利益相关者的卓越关系，同时掌握获取新技能新知识的能力，可以使企业实施一个有价值、有创造力的企业战略，并且使企业形成更优的价值创造力，从而推动企业产品海外形象的提升。综合提升产品海外形象的运行机理和概念模型，结合海外发达国家市场的市场关系特质，可以得出以下研究框架，如图 3-5 所示。

依据海外发达国家市场的理论框架和研究思路，需要三个步骤检验和考察中介效应和调节效果。第一步是考察市场关系到产品海外形象的直接效应，如式（3.6）和式（3.7）所示。第二步是考察创新和社会责任的多重中介效应，多重中介模型的估计比单一简单中介模型的估计更为复杂（各中介变量完全不相关的情况除外），因为不仅需要确定单个中介效应是否存在，还需要进一步区分在内容

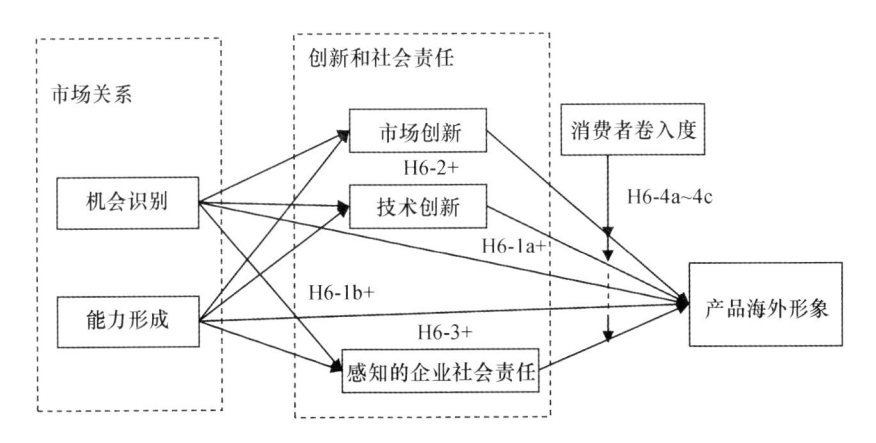

图3-5 海外发达国家市场的研究框架

注：图中的H6-1，H6-2，H6-3和H6-4a~4c表示在发达国家市场提升产品海外形象的研究假设，+表示正向的相关关系，具体的假设内容和实证分析与结果详见第六章第二节和第三节。

资料来源：作者整理。

上可能重叠的几个潜在中介变量的中介效应（Preacher & Hayes，2008）。多重中介模型遵循Preacher & Hayes（2008）推荐的方法进行估计，将所有中介变量都纳入一个模型中进行系数估计，即在考虑其他中介变量的前提下，考察某个特定中介变量的中介作用。例如，通过技术创新这个中介变量产生的市场关系对产品海外形象的特定间接效应被定义为市场关系到技术创新，技术创新到产品海外形象这两条非标准化路径系数的乘积。创新和社会责任的三重中介模型如结构方程模型（3.8）所示。第三步为检验消费者卷入度的调节效应是否存在，在确定了简单调节效应存在的前提下，使用Edwards & Lambert（2007）建议的调节的中介效应模型进行检验，如后文的式（3.11）和式（3.13）所示。

为了直观性和可视化，在设定发达国家市场的具体研究模型前设定总模型，分别是式（3.3）主效应模型，式（3.4）中介效应结构模型，式（3.5）调节效应以及式（3.12）和式（3.13）调节的中介效应模型：

$$Y = a_1 + a_{X1}X + e_{Y1} \quad (3.3)$$

$$Y = b_1 + b_{X1}X + b_{M1}M + e_{Y2} \quad (3.4)$$

$$Y = c_1 + c_{X1}X + b_{Z1}Z + c_{XZ1}XZ\, e_{Y3} \quad (3.5)$$

式中，X 表示自变量中的前置变量，发达国家市场的理论框架中包含由机会识别（Opportunity Identification，*OppoIdenti*）和能力形成（Implementation，*Implem*）组成的市场关系（Market Relationship，*MarkRelts*）；M 表示中介变量，分别是感知的企业社会责任（Perceived Corporate Social Responsibility，*pCSR*），市场创新（Market-based Innovation，*InnoM*）和技术创新（Tech-based Innovation，*InnoT*）；Z 表示调节变量，即消费者卷入度（Consumer Involvement，*ConsInvolv*）；因变量 Y 为产品海外形象（Products Overseas Image，POI）。根据总模型（3.3）构建主效应研究模型如下所示：

$$POI = \alpha_{01} + \alpha_{11}\, OppoIdenti + \varepsilon_1 \quad (3.6)$$

$$POI = \alpha_{02} + \alpha_{12}\, Implem + \varepsilon_2 \quad (3.7)$$

根据中介效应结构模型（3.4）构建的海外发达国家市场的多重中介测量模型如下所示：

$$\begin{cases} POI = \beta_0 + \beta_1 OppoIdenti + \beta_2\, Implem \\ \qquad + \beta_3\, pCSR + \beta_4\, InnoM + \beta_5\, InnoT + \eta \\ X = \beta_1 OppoIdenti + \beta_2\, Implem + \eta_1 \\ M = \beta_3\, pCSR + \beta_4\, InnoM + \beta_5\, InnoT + \eta_2 \end{cases} \quad (3.8)$$

根据调节效应公式（3.5）构建海外发达国家市场的调节效应模型如下所示：

$$POI = \theta_{01} + \theta_{11}\, pCSR + \theta_{21}\, ConsInvolv$$
$$\qquad + \theta_{31}\, pCSR \cdot ConsInvolv + \delta_1 \quad (3.9)$$

$$POI = \theta_{02} + \theta_{12} InnoM + \theta_{22} ConsInvolv$$
$$+ \theta_{32} InnoM \cdot ConsInvolv + \delta_2 \quad (3.10)$$

$$POI = \theta_{03} + \theta_{13} InnoT + \theta_{23} ConsInvolv$$
$$+ \theta_{33} InnoT \cdot ConsInvolv + \delta_3 \quad (3.11)$$

根据调节的中介效应模型（1.7）—（1.8）构建海外发达国家市场的技术创新变量的调节的中介效应模型如下：

$$InnoT = \gamma_{01} + \gamma_{11} OppoIdenti + \gamma_{21} Implem$$
$$+ \gamma_{31} ConsInvolv + \gamma_{41} OppoIdenti \cdot ConsInvolv$$
$$+ \gamma_{51} Implem \cdot ConsInvolv + \zeta_1 \quad (3.12)$$

$$POI = \gamma_{02} + \gamma_{12} OppoIdenti + \gamma_{22} Implem$$
$$+ \gamma_{32} InnoT + \gamma_{42} ConsInvolv + \gamma_{52} OppoIdenti \cdot ConsInvolv$$
$$+ \gamma_{62} Implem \cdot ConsInvolv + \gamma_{72} InnoT \cdot ConsInvolv + \zeta_2$$
$$(3.13)$$

对于海外发达国家市场的具体研究模型，无论是主效应、多重中介模型中的特定的间接效应，还是调节效应与调节的中介效应均设定为结构方程模型［式（3.6）至式（3.13）］，使用 Amos23.0 进行分析，同时使用系数乘积战略和 Bootstrapping（含偏差校正法和百分位值法）两种方法对各效应进行估计，详见第六章提升海外发达国家市场产品形象的实证分析。

四 变现能力的研究框架与理论模型

企业的创新能力和消费者感知的企业社会责任仅仅意味着中国产品在海外的知名度，但是，这还不够，将知名度转化为品牌、转化为正面的产品海外形象，还需要跨越商业变现这道鸿沟。能否真正把握将可付诸广泛应用的创新技术和社会责任进行商业变现的能力，如何有效地将创新落地、了解履行社会责任带来的效果，以及剖析提升中国产品海外形象这一黑箱的运行机制已经成为中国企业乃至学术界亟待解决的重要问题。创新本身伴随着海量的淘汰与风险，企业的创新只是硬币的一面，创新落地所带来的转换成本则是硬币的另一面（魏炜、张振广，2016）；如果不能准确评估企业的变现能力，创新的价值增值空间也将被转换成本黑洞所吞噬。全球化和国际贸易是发达国家对发展中国家企业履行社会责任行为产生影响的重要驱动因素（黄伟、陈钊，2015），这种被动的、关注环保、劳工权益等社会问题的社会责任行为无法为企业带来直接的经济效益，如何将标签化时代下"不得不"的社会责任转化为企业的实际利益，是一个需要关注的重要问题。综合创新与社会责任提升产品海外形象运行机制和概念模型的理论分析，构建变现能力的研究框架如图3-6所示。

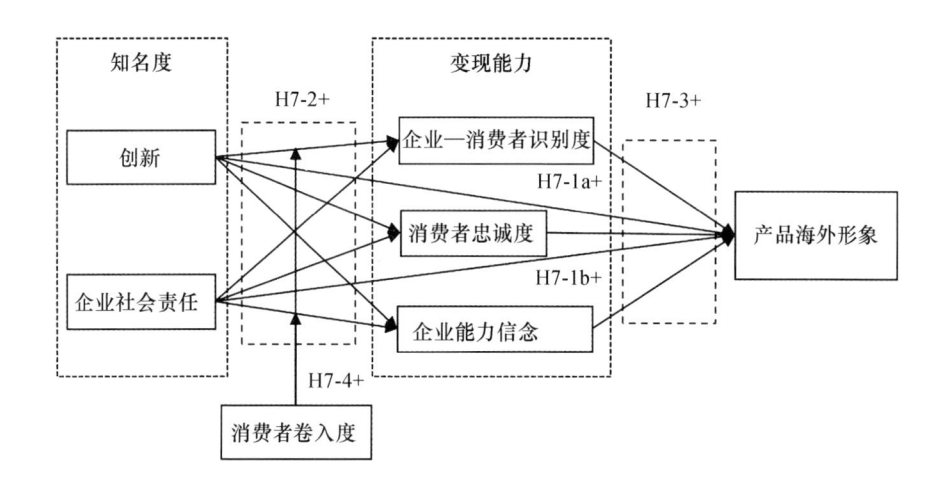

图3-6 变现能力的研究框架与假设

注：图中的 H7-1a/b，H7-2，H7-3 和 H7-4 表示将创新和社会责任进行变现的研究假设，+表示正向的相关关系，具体的概念界定、假设内容和实证分析与结果详见第七章第二节、第三节和第四节。

资料来源：作者整理。

根据变现能力的研究思路和框架，需要检验变现能力的中介效应和消费者卷入度的调节效应。模型中包含创新和感知的企业社会责任两个自变量（X），企业—消费者识别度、消费者忠诚度、企业能力信念三个反应变现能力的中介变量（M）和消费者卷入度这一调节变量（Z），以及因变量（Y）产品海外形象。根据第一章研究方法中的总体模型（1.7）和模型（1.8）构建变现能力的研究模型如模型（3.14）至模型（3.17）所示：

具体的中介模型如下：

$$POI = \alpha_0 + \alpha_1 Inno + \alpha_2 pCSR + \alpha_3 CCIdenti$$
$$+ \alpha_4 CLoyal + \alpha_5 CABelief + \varepsilon \qquad (3.14)$$

其中，POI 代表产品海外形象，$Inno$ & $pCSR$ 表示创新和消费者感知的企业社会责任，$CCIdenti$、$CLoyal$ 和 $CABelief$ 分别表示企业—消费者识别度、消费者忠诚度和消费者持有的企业能力信念。

调节效应模型如模型（3.15）和模型（3.16）所示：

$$CCIdenti = \theta_0 + \theta_1 Inno + \theta_2 ConsInvolv$$
$$+ \theta_3 Inno \cdot ConsInvolv + \delta \qquad (3.15)$$

$$CABelief = \gamma_0 + \gamma_1 pCSR + \gamma_2 ConsInvolv$$
$$+ \gamma_3 pCSR \cdot ConsInvolv + \zeta \qquad (3.16)$$

其中，$ConsInvolv$ 表示调节变量消费者卷入度。

综上所述，创新和社会责任转化为产品海外形象的变现能力研究需要检验的模型是包含中介效应（模型3.14）和调节效应（模型3.15、模型3.16）在内的一个有调节的中介效应模型，见模型（3.17）：

$$POI = \beta_0 + \beta_1 Inno + \beta_2 pCSR + \beta_3 CCIdenti$$
$$+ \beta_4 CLoyal + \beta_5 CABelief + \beta_6 Inno \cdot ConsInvolv$$
$$+ \beta_7 pCSR \cdot ConsInvolv + \beta_8 CCIdenti \cdot ConsInvolv$$
$$+ \beta_9 CABelief \cdot ConsInvolv + \eta \qquad (3.17)$$

第三节　问卷设计与样本分析

一　调查问卷的设计

为了得到真实的中国产品或中国企业的海外形象，本书使用问卷调查的方式对消费过中国产品的海外消费者进行调研，以尽最大可能获取其对中国产品/企业真实感知的一手数据。首先，由于产品海外形象应是对已知的、不同于填答问卷消费者母国的其他国家产品的印象，所以需要确保受访者的母国与拟研究的产品来源国不是同一个国家，同时保证受访者对拟调研国家和产品有一定的了解。所以，根据本书的研究目的，选择消费过中国产品，在一定程度上对中国企业有所了解，且具有双国生活经历的消费者群体作为调研对象，即调研对象设定为有过双国生活经历的非中国人，华侨与外籍华人不在调查范围内。其次，为了使研究更具针对性，限定研究的产品范围，要求被试者至少消费过中国的轻工服装、食品、教育或服务业，即此次调研的中国产品至少包含但不限于轻工业（以生产生活资料为主的加工工业）产品和第三产业服务产品。再次，本次调查的受访者遍及全球，包括来自世界范围内不同经济发展水平（含发达国家和发展中国家）的68个国家，涉及北美洲、南美洲、中美洲、大洋洲、欧洲、亚洲、非洲等地区。本次调研共收集了美国、加拿大、巴西、哥斯达黎加、澳大利亚、英国、法国、俄罗斯、哈萨克斯坦、印度尼西亚、日本、韩国、埃及、南非等68个国家的6701份问卷样本。其中，海外发达国家市场的被试者主要来自西欧、北欧、北美、澳洲等地区，共收集了美国、加拿大、澳大利亚、英国、法国、德国、卢森堡、芬兰、日本、韩国、丹麦等26个发达国家的976份有效问卷样本；其余为新兴市场或发展中国家海外消费者的问卷样本。最后，问卷使用中文和英文两种语言形式，必要时问卷收集者会对问卷进行面对面、邮件或Skype解释；标准的返译技术（Back-translation，Brislin，1986）被应用到中英两个问卷版本中。此次调查是目前国内关于中国产品海外形象的分析研究中，收集样本最多、分布世界区域最广、涵盖国家最多的一次调查。

调查问卷全部使用 Bollen（1989）建议的 7 点里克特量表形式进行评价，1 表示强烈不同意或程度非常低，7 表示强烈同意或程度非常高，选择 NA 则表示消费者不清楚或不知道此题项的内容。问卷从内容设计上分为四大部分，第一部分根据 Nagashima（1977）提出的产品海外形象概念和分类测量中国产品在海外消费者心目中的现有形象，包括产品的价格、服务和声誉等核心形象、外围形象和社会形象等；第二部分剖析中国的国家形象、企业形象和品牌形象；第三部分测量海外消费者对于中国产品/企业在市场关系/消费者定位/市场导向、创新和社会责任方面的感知，以及变现能力的测量，包括抓住进入新市场新社区等的机遇识别，掌握专业知识技能等能力形成与发展的水平，消费者定位的能力，分析市场或竞争对手的能力，创新能力以及履行社会责任承诺的水平，消费者对企业的识别能力，忠诚于中国品牌的程度，对中国企业能力抱有信心的水平等；第四部分是被调查者的基本情况部分，除年龄、国籍、学历、收入等基本信息外，还调查了被试者来自哪个城市、有无宗教信仰，以及主要消费过的中国产品类别等，这也是第五章、第六章从全球大样本中筛选新兴市场和发达国家海外消费者问卷样本的主要依据。为了规避样本同源方差的影响，发放到被试者手中的问卷题项顺序已被打乱，同时适当地设定了反向题考察受访者的认真程度，以方便问卷回收后有效样本的筛查。

二 变量与测量

本书共使用了 14 个潜变量进行创新、社会责任对中国产品海外形象影响的实证分析，具体题项设计见附录。

（1）因变量，即产品海外形象。使用 Nagashima（1977）设计的产品海外形象量表，他认为产品形象由价格和价值、服务和管理、广告和声誉、设计和风格、消费者资料五个类别组成（JM）。

其中，每个类别分别包含3—5个题项，共19个题项。如前文所述，本书使用量表的测量全部采用里克特的7点量表进行评价，1表示程度低，7表示程度高，NA表示不清楚或不知道。这个潜变量的得分越高表示中国产品在海外消费者心目中的形象越好，分值越低则表示产品海外形象越不理想。

（2）自变量（前置变量）。①市场导向。本书采用Narver & Slater（1990）设计的市场导向量表（JM）。低分表示市场导向不理想，高分表示产品提供者以海外市场消费者的需求为中心，市场导向较为准确。例如，"您觉得中国产品能够对竞争者的行为进行迅速反应""您觉得中国产品的提供者很了解竞争对手的产品信息""您觉得中国产品正在全心全意地创造消费者价值""您觉得中国产品各个部门的信息和资源是共享的"。②市场关系。本书采用Philips, Alexander & Lee（2017）设计的市场关系量表（JBE）。市场关系包括机会识别（Opportunity Identification）和能力形成（Implementation）两个潜变量；其中，机会识别包含表达识别四种机遇的题项，分别是进入新市场（Access New Markets），接触新的利益相关者（Access New Stakeholders），进入新的社区（Access New Communities），以及风险共担（Share Risk）；能力形成包含三种实现能力的不同路径，即知识形成（Develop Knowledge），专业技能的建立（Build Expertise）和新技能的发展（Develop New Skills）。低分表示中国产品/企业具有较低的市场关系建设能力，高分则表示其具有较好的市场关系，能够很好地识别新机会和形成必要的能力建设。机会识别变量的样题如"您觉得中国企业具有很好的营销和交流能力""您觉得中国企业与做生意有较少关系的公众机构、智囊团和政府机关的关系是很好的""您觉得中国企业与当地社区接触从而获得支持的程度是""您觉得中国企业愿意与志趣相投的组织进行合作追求新的机会"；能力形成变量的样题如"中国企业认为通过组织和群体网络等，与具有新知识能力的企业建立关联是非常重要的""您觉得中国企业会免费为其他公司提供咨询等服务""您觉得如果中国企业寻求支持，他们会找寻专业的中间机构，以帮助他们发展新的技能"。③消费者定位。采用 Narver & Slater（1990）设计的消费者定位量表（JM）。低分代表消费者定位不理想，高分表示产品提供者以发展中国家消费者的需求为中心，消费者定位较为准确。样题如"您觉得中国产品经常更新，是注重创造消费者价值的""您对中国产品进行退换、保修等售后服务方面的满意程度""您觉得中国产品能够充分理解您的需求""您觉得中国产品是以提高消费者满意度为最高宗旨的""您觉得中国产品非常注重对消费者的承诺"。所有作为前置变量的自变量同样使用7点量表尺度进行评价，1 表示非常不同意，7 表示非常同意，NA 表示不清楚或不知道。

（3）自变量（中介变量和调节变量），即创新、社会责任、感知品质和消费者卷入度。本书通过技术创新和市场创新两个潜变量考察创新的中介作用，使用感知的企业社会责任（和绿色信任）考察责任变量的中介效果，同时考察消费者卷入度对于创新和责任与产品海外形象之间关系的调节效应。①对于创新变量，采用 Zhou, Yim & Tse（2005）的基于技术创新的量表（JM），以及 Gatignon & Xuereb（1997）形成的基于市场创新的量表（JMR），1 表示强烈不同意，7 表示强烈同意，NA 表示不清楚或不知道。高分表示在发达国家海外消费者的认知中，中国产品具有较高的技术创新水平和市场创新能力，低分表明较低的技术创新和市场创新程度。技术创新的样题如"您觉得中国产品具有能够替代另一种较差产品的创新性""您觉得中国产品的技术创新是革命性的、有重大突破的、全新的""总体来讲，中国产品和主要竞争对手的产品是相似的（反向题）""您觉得中国产品的应用与竞争对手的产品是完全不同的"；市场创新的样题如"您觉得中国产品的概念对于主流消费者而言是不难评价和理解的""您觉得中国产品对于主流消费者而言并没有很高的转换成本""您觉得对于主流消费者群体而言，中国产品的使用不需要太多的学习努力""您觉得主流消费者群体较短时间内就可以了解中国产品的全部性能"。②对于社会责任，采用 Lichtenstein 等（2004）编制的感知的企业社会责任量表（JM），同样使用7点的里克特量表形式，1表示强烈不同意，7表示强烈同意，NA表示不清楚或不知道。高分表示海外消费者感知中国企业较高程度地履行了社会责任承诺，低分则表示较低的企业社会责任履行水平。样题如"您觉得中国企业能够将一部分利润用来帮助非营利组织""您觉得中国企业能够为社区创造就业机会""您觉得中国企业能够投资社区教育、卫生和基础设施的建设""您觉得中国企业能够将慈善作为其商业活动的一部分"。同时，采用 Chen（2010）编制的绿色信任量表（JBE），使用7点的里克特量表形式，1表示强烈不同意，7表示强烈同意，NA表示不清楚或不知道。高分代表消费者对企业绿色发展的信任程度较高，低分表示较低的绿色信任水平。样题如"您觉得中国企业的环境主张是值得信任的""您觉得中国企业对环境的关心和您的期望是一致的""您觉得中国企业一直履行着对环境保护的承诺"。③对于感知品质，采用 Dodds 等（1991）编制的感知品质量表（JMR）。采用里克特7点量表形式，1表示非常低，7表示非常高，NA表示不清楚或不知道。低分表示消费者感知的产品品质较低，高分表示消费者对产品的感知品质高。样题如"您觉得中国产品是可信的""您购买的中国产品的工艺是非常好的""您觉得中国产品是耐用的""您觉得中国产品具有较好的质量"。④对于消费者卷入度，使用 Zaichkowsky（1985）设计的消费者卷入度量表（JCR），得分越高表示消费者的卷入水平越高，反之则越低。样题如"您觉得在您的生活中购买和使用中国产品是重要的""您觉得中国产品与您的生活是息息相关的""您觉得在您的生活中购买中国产品是一件有趣、让您兴奋的事情""您觉得购买中国产品对您的生活是有意义的、有价值的""您觉得您会花时间去挑选和购买中国产品"。

（4）自变量，即变现能力。本书采用 Homburg 等（2009）编制的企业—消费者识别度量表（JM），Zeithaml & Parasuraman（1996）编制的消费者忠诚度量表（JM）以及 Du，Bhattacharya & Sen（2007）编制的消费者对企业能力持有的信念量表合成的变现能力。为何选择这三个维度衡量变现能力的理论依据详见第七章第二节。同样使用7点的里克特量表形式，得分越高表示企业的变现能力越强，反之越弱。企业—消费者识别度量表的样题如"我能够很强烈地识别出中国产品""我作为中国产品的消费者感觉是很舒服的""我喜欢告诉别人我是中国产品的消费者""中国产品与我有很好的匹配度""我对中国产品会有产品依恋的感觉"；消费者忠诚度的量表样题如"您会向其他人说中国产品的优点""当有人向您征求意见的时候，您会向他推荐中国产品""您会鼓励朋友和亲戚购买中国产品""在接下来的几年中，您仍然会选择购买中国产品"；企业能力信念量表的样题如"您使用中国产品时，觉得中国产品是高质量的""您使用中国产品时，觉得中国产品是顺手的、舒适的""您使用中国产品时，觉得中国产品是可靠的""您觉得购买中国产品的性价比很高"。

三 样本的描述性统计

如前文所述，问卷从内容设计上分为三大部分，第一部分描述中国产品在海外的形象现状，包括 Nagashima（1977）提出的五个类别的核心形象、外围形象和社会形象；第二部分剖析中国海外的国家形象、企业形象和品牌形象；第三部分探索影响中国产品海外形象的主要驱动因素，如创新、社会责任、市场关系、变现能力等，共153个题项，为了便于查看，形成样本内容概览见表3-1。

表3-1　　　　　　　　　样本内容概览

主题		维度	题数	备注
第一部分：中国产品的海外形象现状	核心形象	价格和价值	5	
		服务和管理	5	
		规格和功能	5	
	外围形象	广告和声誉	3	
		设计和风格	3	
	社会形象	消费者资料	3	

续表

主题	维度		题数	备注
第二部分：中国海外的国家—企业—品牌形象	国家形象	国家与国民形象	4	
		文化与科技形象	4	
		政治与经济形象	10	
	企业社会责任	组织治理	7	
		人权	5	
		劳工实践	5	
		环境	3	
		公平运行实践	4	
		消费者问题	4	
		社区参与和发展	4	
		品牌定位	4	
	品牌形象	品牌忠诚度	4	—
		品牌延伸	4	—
		品牌联想	3	—
		品牌资产/价值	5	—
		品牌国际化	5	—
第三部分：产品海外形象的相关项（模型）	—	市场导向	5	Narver 等（1990）
	创新	技术创新	4	Zhou 等（2005）
		市场创新	4	Gatignon 等（1997）
	社会责任	感知的CSR	4	Lichtenstein 等（2004）
		绿色信任	3	Chen（2010）
	—	感知品质	4	Dodds（1991）
		消费者定位	5	Narver 等（1990）
	市场关系	机会识别	4	Philips 等（2017）
		能力形成	3	Philips 等（2017）
	变现能力	企业—消费者识别度	5	Homburg 等（2009）
		消费者忠诚度	4	Zeithaml 等（1996）
		企业能力信念	4	Du 等（2007）
	—	消费者卷入度	5	Zaichkowsky（1985）

资料来源：作者整理。

此次调查共发放问卷6701份，回收4190份，回收率62.5%，剔除部分数据漏填、数据全部一样、数据跳填或填项矛盾等问题问卷，剩余有效问卷2992份，有效率71.4%。其中，数据全部一样是指1—7点的所有题项，受访者全部选择了同一个数字，全部是4或者全部是6等；数据跳填是指每隔2—3个题项填答3—5个题项；填项矛盾分为两种，一是同一个题项既选择了数字5，又选择了数字7，二是在反问题中，出现了明显的矛盾信息。回收的问卷出现以上情况的任何一种，本书均认为受访者存在某种程度的不认真，所以视为无效问卷。有效样本中，男性1683人，占比56.2%，女性1309人，占比43.8%，受访者的年龄多数分布在25—55岁，占比81.1%，家庭年收入多数在3000—70000美元，占比53.0%，多数有宗教信仰，占比60.8%，未婚占比56.7%，并且拥有本科及以上学历占比71.0%，见表3-2。受访者从事的工作分布在不同领域，包括政府、事业单位、个体或私营企业、教育行业、互联网商务、金融、足球教练、医疗保健、自由职业等。

表3-2　　　　　　　　　　样本分布与统计

特征		频数/个数	百分比（%）	特征		频数/个数	百分比（%）
性别	男	1683	56.2	地区分布	亚洲	1989	66.5
	女	1309	43.8		欧洲	350	11.7
宗教信仰	有	1818	60.8		非洲	323	10.8
	无	1078	36.0		美洲	296	9.9
	缺失	96	3.2		大洋洲	19	0.6
学历	高中或以下	710	23.7		缺失	15	0.5
	本科	2061	68.9	对中国的了解程度	非常了解	199	6.7
	研究生及以上	63	2.1		比较了解	952	31.8
	缺失	158	5.3		一般了解	1033	34.5
家庭年收入	不超过3000美元	245	8.2		了解一点	691	23.1
	3000—9000（含）美元	703	23.5		不太了解	90	3.0
					缺失	27	0.9
	9000—20000（含）美元	497	16.6	在中国停留时间	少于6个月	199	6.7
	2万—7万（含）美元	386	12.9		6个月—1年	504	16.9
	7万—10万（含）美元	437	14.6		1—2年	911	30.4
	10万—16万（含）美元	326	10.9		2—4年	927	31.0
	超过16万美元	162	5.4		4年以上	432	14.4
	缺失	236	7.9		缺失	19	0.6
年龄分布	25—55岁	1682	56.2	婚姻状态	未婚	1696	56.7
	其他	1310	43.8		已婚	1296	43.3

资料来源：作者整理。

在大样本中根据国籍和来源国家筛查发达国家海外消费者有效样本 976 份。其中，男性 511 人，占比 52.4%，女性 465 人，占比 47.6%，受访者的年龄多数分布在 25—55 岁，占比 82.9%，家庭年收入多数在 9 000—160 000 美元，占比 57.2%（为了尊重被试者的收入隐私，此项设定为自由填答项，所报告比例基于选择作答的海外消费者问卷），近半数有宗教信仰，占比 48.9%，未婚占比 61.4%，并且拥有本科及以上学历占比 75.3%。新兴市场海外消费者的有效样本中，男性占比 57.6%，女性占比 41.7%，年龄多数分布在 25—55 岁，占比 85.3%，家庭年收入在 3000—9000 美元，占比 23.5%，多数有宗教信仰，占比 93.4%，未婚占比 56.3%，并且拥有本科及以上学历占比 70.1%。无论是海外发达国家市场，还是新兴市场或发展中国家市场，受访者主要消费的中国产品类别均为纺织品、食品、旅游商业以及文体教育等（与研究限定的至少含有但不限于轻工业和第三产业服务业的产品类别相一致）。被试者从事的工作领域涵盖都较广泛，两组分样本都包括自由撰稿人、事业单位人员、企业职员、个体/私营业主、学生、金融从业人员、医护人员等。

四 创新、社会责任与产品海外形象的现状和问题

（一）中国产品在海外的核心、外围和社会形象

根据 Nagashima 的产品形象定义和分类，可以将中国产品的海外形象分为核心形象、外围形象和社会形象三个维度。核心形象指产品价格和价值、产品服务和管理、产品规格和功能；外围形象包括产品广告、产品声誉、产品风格和设计；社会形象是无形的形象，指消费者/顾客资料，外化为产品理念和文化。海外消费者对于中国产品形象的认识可以清晰地由图 3-7 呈现。从图中可以看出，中国产品的海外形象整体上呈现"橄榄形"结构，从中等形象开始向两端呈现两极式发展。

第一，中国产品在海外的核心形象处于中等偏下水平。就产品

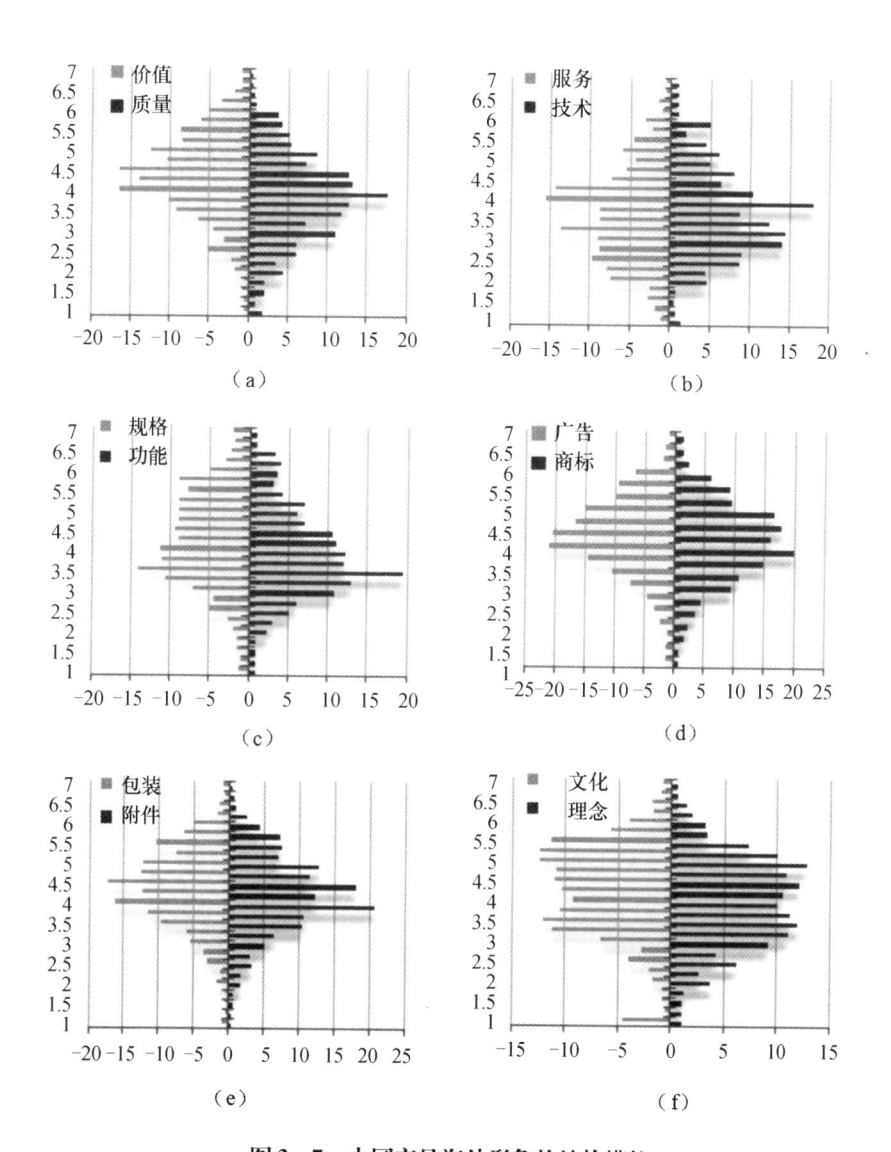

图 3-7 中国产品海外形象的结构模拟

说明：(1) 形象的度量是数字 1—7，纵轴的 "1" 表示形象低，"7" 表示形象高；统计的单位是人，横轴数字前面的负号无意义，指该分组的人数，数字为总样本人数缩小 20 倍。

(2) 图 3-7 (a) 至图 3-7 (c) 是中国产品在海外的核心形象，图 3-7 (d) 和 7 (e) 是外围形象，图 3-7 (f) 代表社会形象。

资料来源：作者自制。

价格而言，多数的外国消费者认为中国产品的价格较为低廉，集中在3—4.5的水平，见图3-7（a），选择购买了中国产品后，多数人认为产品的价格可以衡量产品的价值；中国产品的管理和服务均在中等偏下水平，除有较大比例海外消费者群体认为其水平为4外，多数消费者密集地集中在2—3.5，呈现"下橄榄形"结构，见图3-7（b）；从图3-7（c）可以看出，海外消费者对中国产品的功能并不满意，认为产品的性能和功效并未达到其预期，但产品的品种规格能够让多数的消费者满意。

第二，中国产品在海外的外围形象处于中等偏上水平。由图3-7（d）和图3-7（e）可以看出，中国产品的广告、声誉、设计以及产品风格集中在3.5—5.5，1—3与6—7两端的人员占比明显减少，说明中国产品在海外的外围形象总体上处于中等偏上水平，相较于核心形象，呈现"上橄榄形"结构，具有一定优势。

第三，中国产品在海外的社会形象呈两极化态势，与核心形象相比，不尽如人意。中国产品的社会形象在不同水平上呈现两个小高峰，产品文化的第一个小高峰出现在3—4，这部分人对中国产品的文化不感兴趣或者并不认同，第二个小高峰出现在4—5，这类人群比较认同、喜欢中国的产品文化；产品理念的第一个小高峰也出现在3—4，第二个小高峰出现在4—5.5，见图3-7（f）。说明海外消费者对中国产品文化和理念的理解与认同度呈现两极化态势。

总体上，这个结构模拟图说明中国产品物美价廉，品种丰富，但在海外的产品附加值较低。要想在未来实现"上橄榄形"或"蘑菇形"形象结构，提升中国产品的海外形象，关键在于着力大幅度提高产品的核心形象，辅以外围形象，实现社会形象下部小高峰向上流动；需要统筹核心、外围、社会三维度形象的秩序化战略，提高一致性，从而通过具体的战略模式和优化路径提升我国产品的海外形象。

（二）中国产品的创新能力和社会责任水平

第一，中国产品的创新能力总体上处于中等水平，海外消费者认为中国企业的技术创新能力略优于市场创新能力。从图3-8可以看出，中国产品的市场创新水平大致呈正态分布，在1—7衡量创新能力的标准上，认为水平中等（数值为4）的消费者占大多数，数值3与数值5的直线长度基本相同，即认为市场创新能力在3和5水平的海外消费者所占人数相当，认为能力在2和6、1和7水平的消费者人数亦相当，表明在多数海外消费者心目中，中国产品的市场创新能力处于中等水平；中国产品的技术创新能力在4水平所占人数也为最多，相较于2和3水平，认为能力在5和6水平直线长度较长，即认为技术创新能力较高的海外消费者人数相对较多，中国产品的技术创新能力处于中等偏上水平；同时，相对于市场创新能力，中国产品的技术创新能力更高。

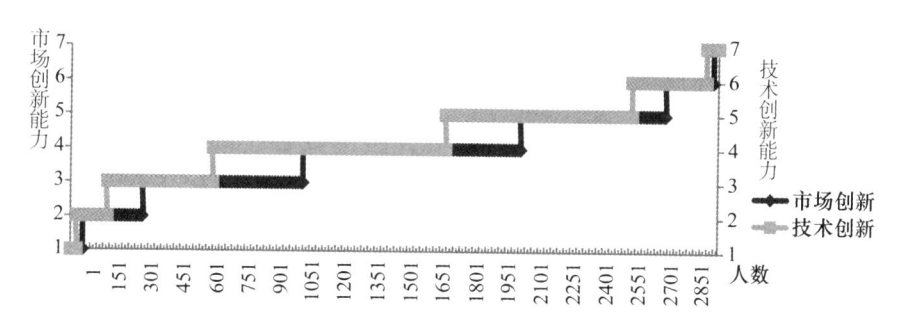

图3-8　海外消费者感知的中国产品创新能力

说明：横轴表示海外消费者人数，主要纵坐标轴表示市场创新能力，次要纵坐标轴表示技术创新能力，数字"1"表示能力低，"7"表示能力高。

资料来源：作者整理。

第二，海外消费者感知的中国企业履行社会责任承诺总体上处于中等偏上水平，认为中国企业较为遵守国际新标准ISO26000的相关准则。图3-9表明，多数海外消费者认为中国企业在履行新标准前六个核心主题的水平为中等偏上，数值表现为4和5，其中，组织治理、人权、劳工实践和公平运行实践主题中，认为水平在5的消费者人数与认为水平在4的消费者人数基本持平；对于环境和消费者问题主题，认为水平在5的消费者人数略低于认为水平在4的消费者人数。国际新标准ISO26000的第七个核心主题是社区参与和发展，这是七个核心主题中唯一一项海外消费者评价为5水平的总人数超过评价为4水平的主题，说明中国企业对海外社区在基础设施建设、卫生保健、教育、就业机会、财富收入等方面的贡献较为可观。

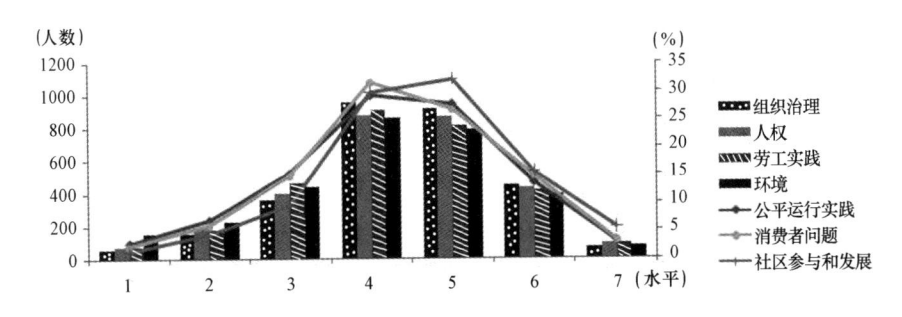

图3-9 海外消费者感知的中国企业社会责任水平

说明：横轴是海外消费者感知的企业社会责任水平的度量，数字"1"表示水平低，"7"表示水平高；左轴是选择某水平分组的人数，右轴是选择某水平分组人数占总样本的百分比。

资料来源：作者整理。

（三）中国产品形象与国家形象、企业形象和品牌形象

中国产品的产品形象与中国的国家形象、中国企业的国际形象以及中国品牌积累的品牌资产具有显著的相关关系，见图3-10，产品形象的提升具有深远的影响和战略意义。国家形象指中国的国家与国民形象、文化与科技形象、政治与经济形象；企业形象主要是在海外消费者心目中企业履行社会责任的程度，包括组织治理、人权、劳工实践、环境、公平运行实践、消费者问题、社区参与和发展七个方面；品牌形象包括中国品牌定位、品牌忠诚度、品牌延伸、品牌联想、品牌资产和品牌国际化等维度。

相较于中国产品海外形象，中国的国家形象呈现高低对比态势，而企业形象和品牌形象则更低。从图3-10可以看出，中国的产品

形象处于中等偏下水平，多数海外消费者认为形象是3—4的人数占64.61%；相对于这种集中在中低水平的产品形象，中国的国家形象出现了一种有趣的现象，认为高与低的消费者出现了同比例的对比态势，形象为3的占比为31.21%，5的占比为30.65%；明显地，中国的企业形象和品牌形象在4以下的人数占比高于中国产品形象在4以下的人数占比，反之亦然，在4以上的人数占比，企业形象和品牌形象均低于产品形象的人数占比，可见，中国在履行企业社会责任和形成国际品牌影响力方面的形象比中国产品的海外形象更低。

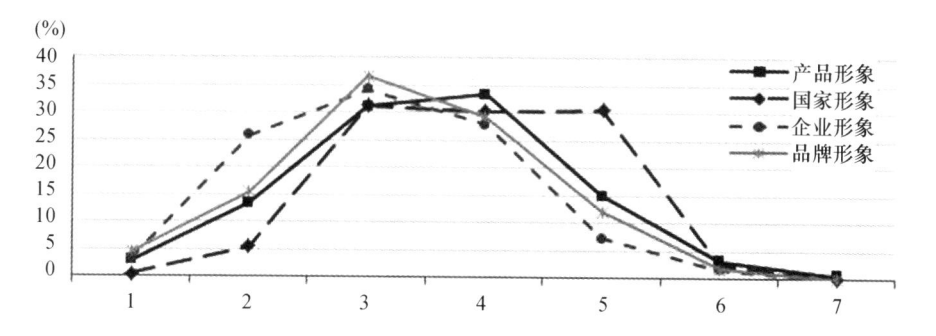

图3-10 中国产品海外形象与国家形象、企业形象、品牌形象的关系

说明：横轴是形象的度量，数字"1"表示形象低，"7"表示形象高；纵轴是选择某形象分组的人数占总样本的百分比。

资料来源：作者整理。

（四）提升中国产品海外形象存在的突出问题

目前，我国正面临着发达国家蓄势占优和新兴经济体追赶比拼的两头挤压和双重挑战，这也将是中国转变战略模式、进行转型升级、提升产品海外形象的重要战略机遇期。根据对中国产品海外形象现状的分析，创新能力和认知偏差是当前提升中国产品海外形象存在的最突出的问题。具体体现在以下四个方面：

一是部分国内和海外消费者对中国产品不信任。这不仅在于假冒伪劣行为没有得到有效遏制，中国产品生产商、管理者甚至是一线工人对产品品质的松懈，也在于中国产品与顾客互动、人性化设计以及对国际企业社会责任承诺履行方面的缺失。

二是中国产品物美价廉、品种丰富，但产品附加值低。中国是制造业大国，但并不是制造业强国，存在大而不强、多而不优的问题，中国产品单靠模仿已经很难在复杂多元的市场上立足，标新立异的理念尤为欠缺。

三是对中国产品出口、海外投资的认识过于简单。中国企业出口产品不仅需要理解和应对当地固有的挑战和风险，还需要磨合文化差异，建立绿色信任，这是几乎每一类产品和每个企业都会遇到的重要问题。

四是中国各类产品的技术水平和产品附加值差异明显，单一的海外形象提升策略已无法满足需求。中国有近两百种产品的产量居世界第一，并在一些优势领域形成了较强的国际竞争力，但同时也有很多产品因缺少核心技术与品牌优势，仍然在全球产业分工中处于微笑曲线的底部，被称为产品的大国，品牌的小国；总体产品海外形象的提升迫在眉睫。

第 四 章

全球市场下创新与社会责任提升产品海外形象的实证分析

第一节　研究背景

中国产品的海外形象究竟如何？众说纷纭。一般海外消费者认为，中国海外产品价廉适用，属中低档品牌，但至今国内外都没有定量回答这一重要问题。本章的研究结论对传统的中国产品"以价廉促多销"的海外形象战略提出挑战，认为经济新常态下，品质、创新和社会责任并驾齐驱，形成提升中国企业与产品形象的三大动力源。这个研究结论对于提升中国产品海外形象、实施"一带一路"具有重要的借鉴意义和参考价值。

已有的研究分别探讨了产品品质、创新和企业社会责任对提升中国产品海外形象的影响和重要作用。关于产品品质对产品形象、企业形象和国家形象的影响是 20 世纪初学者们关注和研究的重要命题，其对中国产品海外形象具有显著的正向影响（李坤望、蒋为和宋立刚，2014）；关于创新对产品海外形象的影响主要集中在创新驱动的经济发展（魏江、李拓宇和赵雨菡，2015；冯之浚等，2015）及协同效应和挤占效应（余泳泽，2015）方面。学者们认为中国企业和中国产品必须具有创造力（Fallon & Senn，2006），创新已经成为影响中国产品长期和短期海外形象的重要因素。通过企业社会责任提升产品的形象，则引起了学者们的广泛争议。一部分学者认为企业社会责任是一个重要的营销手段或工具（Davis，2005；Gruber & Schlegelmilch，2015；Porter & Kramer，2006），其对产品的价值（Brown & Dacin，1997）与消费者购买意向/行为（Sen & Bhattacharya，2001）以及消费者的满意度和忠诚度（Luo & Bhattacharya，2006；Wagner，Lutz & Weitz，2009；Moon，Lee & Oh，2015）会产生强烈的影响。李伟阳和肖红军（2011）认为企业社会责任源于自愿的慈善行为、社会或消费者对企业行为的期望、企业对社会压力的回应等九种认识，可以看出，无论是主观自愿，还是迫于社会压力，作为产品提供者的企业履行社会责任义务的主要驱动因素是社会、大众和企业广义的消费者。消费者对"绿色"（王兵、刘光天，2015）和企业社会责任的需求已经达到了一种空前的状态，海外消费者在不断思考自身购买行为所带来的环境和社会影响。还有一部分学者认为企业社会责任不应该被作为一种提升企业绩效的战略工具或者手段（Seele & Lock，2015）。无论企业社会责任是否应该作为提升企业绩效的营销工具或手段，其对提升中国产品海外形象的正向影响（胡钰，2015）都得到了学者们的广泛认可与支持。

然而，新常态下，我们关注的重点在于产品品质、创新和企业社会责任是否会同时对中国产品的海外形象产生重要作用，三者对于提升产品海外形象的重要程度是否存在显著差别，企业的有限资源应重点投资于哪个或哪些要素才能有效提升在海外消费者心中的产品形象、企业形象。

第二节 理论基础与研究假设

一 市场导向与产品海外形象

目前，我国正面临着发达国家蓄势占优和新兴经济体追赶比拼的两头挤压和双重挑战，这也将是中国转变战略模式、进行转型升级、提升产品海外形象的重要战略机遇期。依前文所述，本章使用 Nagashima1977 年提出的制造国的产品形象，即产品海外形象概念。

产品提供者可以通过两种方式探寻准确的市场导向，为消费者创造价值，一是降低与消费者利益有关的成本，如降低产品的价格和提升产品的价值，为消费者提供便利的服务、管理流程等；二是增加与消费者成本有关的利益，如设计符合产品特性的广告和保证产品的信誉，设计符合产品属性的包装风格，通过完善的顾客资料有针对性地为消费者提供产品和服务等。产品提供者不仅需要掌握市场的成本和收益动态，还需要掌握与目标客户群/市场相关的消费者的成本和收益动态，即产品提供者必须全面掌握所有层次的经济和政治约束，确立准确的市场导向，清楚市场将来可能的需求，识别出市场消费者现在和将来可能认知的满意因素。这样的市场导向可以创造更多的价值，从不同的角度提升产品在消费者心中的形象，基于此，本章提出：

假设 H4-1：市场导向越准确，中国产品的海外形象越好。

二 创新、责任和品质的中介作用

尽管市场导向的准确定位是必不可少的，但这并不够，中国企业和中国产品必须在保证产品品质的前提下具有创造力（Fallon & Senn，2006），履行企业对社会责任以及"绿色"的承诺（Smith，2003）。目前，企业的差异化越来越难以实现，边际利润下滑，企业战略革新的能力越来越重要（Hamel，2000），毋庸置疑，创新已经成为影响中国产品长期和短期海外形象的重要因素。然而，有效的创新必须和强烈的伦理观、价值观以及社会责任感相匹配（Wilkie & Elizabeth，2002），逐渐增长的消费者期望之类的许多力量正驱使中国产品实践更高水平的企业社会责任（Porter & Kramer，2006）。消费者对企业绿色程度的信任与其感知到的企业履行社会责任承诺的程度共同形成了责任维度，关于企业是否应该履行社会责任提升其产品的海外形象，大体上可以归纳为两种观点。一种是反对论，持有这种观点的学者担心对于社会责任的过度关注可能会导致研发领域的重大商业投资受到损害（Grow 等，2005），如 Adam Smith（1776）声明"我们从来不知道那些声称为了公众利益的人能得到什么好处"；Milton Friedman（1970）认为这种社会新行为在本质上是破坏性的，因为它们暗中破坏了上市公司追逐利益的目的，浪费了股东的钱。另一种观点看重企业社会责任的价值，看重企业的绿色发展，尤其关注消费者对企业的信任程度，认为这不仅是正确的事情，也是需要去做的聪明的事情。Schurr & Ozanne（1985）、Kalafatis & Pollard（1999）认为，绿色信任是消费者基于企业产品对环境绩效的信用和能力而产生的依赖企业产品、服务或品牌的意愿。绿色信任在企业定位市场与提升产品形象的过程中起着重要的作用。如果一些企业为了增加产品的销量，虚假地赋予产品一些误导，混淆消费者的绿色主张，夸大产品的环境价值，就会导致消费者不再愿意相信他们的产品，降低其对企业产品形象的感知（Kalafatis & Pollard，1999）。由此可见，无论对责任持有哪种观点，随着时间的推移和消费者对社区、环境等关注度的提高，感知的企业社会责任和绿色信任已经成为企业培育良好形象的重要途径和载体。

似乎所有中国企业已经决定在企业社会责任中扮演一个更积极的战略性角色，小心地审视目标海外市场消费者的信仰以及应该如何对待其社区和环境，这些企业正接受挑战并利用对品质、创新、责任、可持续性的需求来加速提升形象（Nidumolu 等，2009）。因此，本章提出如下假设：

假设 H4-2：产品提供者对市场导向的关注度越高，消费者对企业绿色发展的信任程度（H4-2a）、对企业社会责任履行的感知程度（H4-2b）越高，中国产品的海外形象提升越快。

假设 H4-3：产品提供者对市场导向的定位越准确，其产品品质的感知越好，越容易实现产品海外形象的提升。

假设 H4-4：产品提供者的市场导向越准确，技术创新（H4-4a）和市场创新（H4-4b）的程度越高，中国产品的海外形象越好。

第三节 实证分析与结果

一 信度和效度分析

对问卷量表进行信度和效度检验以及进一步的假设验证，验证性因素分析结果显示，见表 4-1，各量表的组成信度（CR）在 0.749—0.872，平均提取方差（AVE）值介于 0.492—0.632，均达到了建议值（Fornell & Larcker, 1981），说明测量量表具有较好的内部一致性和收敛效度，量表的题项选择是可靠的。

表 4-1　　　　　　　　　　验证性因素分析

因素/题项	非标准负荷	t 值	标准负荷	因素/题项	非标准负荷	t 值	标准负荷
市场导向 MrkeOrient（CR=0.850；AVE=0.533）				产品海外形象 POI（CR=0.866；AVE=0.565）			
MrkeOrient 1	1	—	0.799	POI 1	1	—	0.799
MrkeOrient 2	1.012	35.965*	0.748	POI 2	1.057	42.042*	0.748
MrkeOrient 3	1.069	38.580*	0.769	POI 3	1.099	43.375*	0.769
MrkeOrient 4	1.082	37.810*	0.805	POI 4	1.115	45.608*	0.805
MrkeOrient 5	0.899	31.234*	0.624	POI 5	0.854	34.100*	0.624

续表

因素/题项	非标准负荷	t 值	标准负荷	因素/题项	非标准负荷	t 值	标准负荷
企业社会责任 pCSR (CR=0.848; AVE=0.584)				技术创新 InnoT (CR=0.822; AVE=0.536)			
pCSR 1	1	—	0.752	InnoT 1	1	—	0.756
pCSR 2	1.018	40.751*	0.810	InnoT 2	0.971	36.112*	0.747
pCSR 3	0.953	38.797*	0.761	InnoT 3	0.904	34.522*	0.706
pCSR 4	0.924	37.355*	0.730	InnoT 4	0.926	35.073*	0.719
感知品质 pQual (CR=0.872; AVE=0.632)				市场创新 InnoM (CR=0.749; AVE=0.492)			
pQual 1	1	—	0.813	InnoM 1	1	—	0.760
pQual 2	1.049	49.363*	0.845	InnoM 2	0.795	29.162*	0.610
pQual 3	0.980	47.521*	0.813	InnoM 3	1.039	33.531*	0.730
pQual 4	0.857	39.792*	0.700	InnoM 4	0.969	32.54*	0.696
绿色信任 GreTru (CR=0.832; AVE=0.628)				模型拟合统计指标			
GreTru 1	1	—	0.811	$\chi^2=735.422$; df=356; $\chi^2/df=2.066$; GFI=0.983			
GreTru 2	0.846	38.450*	0.742	AGFI=0.979; CFI=0.990; TLI=0.988			
GreTru 3	0.973	39.886*	0.812	RMSEA=0.019			

注: *p<0.01。

资料来源: 作者整理。

在信度和收敛效度测量的基础上,进一步对量表的区别效度进行检验,以查看其能否真正反映我们所要观察的提升中国产品海外形象战略模式的特征。表4-2对比了七因素、六因素到双因素、单因素模型的拟合度。七因素模型包含市场导向、绿色信任、企业社会责任、感知品质、技术创新、市场创新和中国产品海外形象,六因素至双因素模型是这些因素的不同组合。嵌套的对比模型(Ng, Ang & Chan, 2008)说明由责任、品质和创新组成的七因素模型是明显优于其他模型的架构,选用的量表具有较好的区别效度,模型的构建是最优的。

表 4-2　　　　　　　　　模型的验证性因素分析

建议值 模型	χ^2 愈小愈好	df 愈大愈好	χ^2/df <3	GFI >0.9	AGFI >0.9	TLI >0.9	CFI >0.9	RMSEA <0.08
七因素模型	735.422	356	2.066	0.983	0.979	0.988	0.990	0.019
六因素模型	3920.351	362	10.830	0.885	0.862	0.894	0.905	0.057
五因素模型	7269.543	367	19.808	0.815	0.781	0.797	0.817	0.079
四因素模型	11078.530	371	29.861	0.735	0.690	0.689	0.715	0.098
三因素模型	14299.847	374	38.235	0.683	0.631	0.598	0.630	0.112
双因素模型	17782.539	376	47.294	0.635	0.578	0.500	0.537	0.124
单因素模型	21506.450	377	57.046	0.588	0.525	0.395	0.438	0.137

注：七因素分别为市场导向、绿色信任、企业社会责任、感知品质、技术创新、市场创新和产品海外形象；六因素将技术创新与市场创新组合；五因素组合了绿色信任和企业社会责任；四因素将创新与品质组合；三因素组合责任、品质和创新；双因素将市场导向加入组合中。

资料来源：作者整理。

表 4-3 描述了各变量的均值、标准差、相关性以及共同方差。量表所有可能的两两结合共同方差的最大值是 0.137，小于表 4-1 中 AVE 的最小值 0.492（Fornell & Larcker，1981），说明研究选用的量表具有较好的区别效度，同时表明了市场导向、责任、品质和创新对提升中国产品海外形象的正向影响。

表 4-3　　　　　各变量均值、标准差、相关性及共同方差

变量	均值	标准误	1	2	3	4	5	6	7
市场导向	4.146	1.102	—	0.071	0.079	0.093	0.106	0.091	0.118
绿色信任	3.959	1.302	0.267**	—	0.052	0.070	0.078	0.054	0.067
企业社会责任	4.401	1.152	0.281**	0.227**	—	0.050	0.042	0.091	0.075
感知品质	3.938	1.120	0.305**	0.265**	0.224**	—	0.074	0.057	0.137
技术创新	3.966	1.140	0.326**	0.280**	0.204**	0.272**	—	0.057	0.088
市场创新	4.343	1.080	0.301**	0.232**	0.301**	0.238**	0.239**	—	0.095
产品海外形象	4.210	0.872	0.344**	0.258**	0.274**	0.370**	0.296**	0.308**	—

注：** P<0.01（双尾）；矩阵对角线下方是相关系数，矩阵对角线上方是共同方差。

资料来源：作者整理。

二 多重中介效应分析

表4-4显示了市场导向到产品海外形象的多重中介模型结果,总效应、直接效应(假设H4-1)和所有的特定间接效应都存在,表明了责任、品质和创新的五个因素(绿色信任假设H4-2a、企业社会责任假设H4-2b、感知品质假设H4-3、技术创新假设H4-4a、市场创新假设H4-4b)在市场导向和中国产品海外形象的关系中起到了至关重要的中介作用,对提升中国产品的海外形象有显著的正向影响。

与此同时,考察三者之间差异的显著性得到了一个有趣的结果,见表4-4中的对比效应。一是创新与品质之间不存在显著差异,说明在多元化的市场竞争下,创新与品质同等重要,传统的质量至上观念和"价廉多销"战略已经不足以赢得消费者的芳心,质量在形成品牌效应方面很难再独占鳌头。相比之下,创新与责任、品质与责任之间存在显著差异,显示了它们在重要性上的层级区别,说明在提升产品海外形象、形成品牌效应的过程中,创新和品质相对于责任而言,具有更为重要的意义,但绿色发展和企业的社会责任对于形成国际知名品牌仍然起着不可忽视的作用,是新常态下提升中国产品海外形象战略设计中必须加入的新的关键因素。

表4-4 多重中介模型分析

效应/对比:关系变量	系数估计值	系数乘积战略 标准误	系数乘积战略 Z值	Bootstrapping 偏差校正法 95%CI 下限	Bootstrapping 偏差校正法 95%CI 上限	Bootstrapping 百分位值法 95%CI 下限	Bootstrapping 百分位值法 95%CI 上限
总效应:定位→海外形象	0.356	0.022	16.349**	0.314	0.399	0.314	0.399
直接效应:定位→海外形象	0.120	0.024	4.942**	0.073	0.169	0.073	0.169
总间接效应:定位→海外形象	0.237	0.018	12.940**	0.202	0.275	0.202	0.274

续表

效应/对比：关系变量	系数估计值	系数乘积战略		Bootstrapping			
				偏差校正法 95% CI		百分位值法 95% CI	
		标准误	Z 值	下限	上限	下限	上限
特定间接效应	—	—	—	—	—	—	—
绿色信任	0.024	0.007	3.338**	0.010	0.038	0.010	0.038
企业社会责任	0.033	0.007	4.466**	0.019	0.048	0.019	0.047
感知品质	0.084	0.009	9.098**	0.066	0.103	0.066	0.102
技术创新	0.052	0.009	5.989**	0.036	0.071	0.036	0.070
市场创新	0.045	0.009	4.859**	0.027	0.063	0.027	0.063
对比效应	—	—	—	—	—	—	—
创新与品质	0.013	0.015	0.879	−0.015	0.042	−0.015	0.043
创新与责任	0.041	0.017	2.446*	0.007	0.073	0.008	0.074
品质与责任	0.027	0.013	2.060*	0.001	0.054	0.001	0.054

注：** $p<0.01$，* $p<0.05$；5000 份 Bootstrap 样本。
资料来源：作者整理。

这些结果表明，品质、创新和责任是新常态下提升中国产品海外形象的重要战略要素。其中，技术创新、市场创新和产品的品质同等重要，传统的"价廉多销"形象战略思路需要拓展，质量在提升产品海外形象方面很难再独占鳌头，需要创新与其齐头并进；与此同时，传统战略模式中并未体现出重要性的企业社会责任和绿色信任等责任元素，是构建新常态下产品海外形象战略模式的重要中介和路径，成为必须加入的关键因素。三者的协同作用对于磨合文化差异、缩小与发达国家产品形象差距、形成国际知名品牌的具体路径有一定启示作用。

第四节　全球市场对策

研究发现，我国"走出去"企业过去树立产品"价廉多销"形象的战略思路已难以适应国际新环境的要求。在经济新常态下，提升中国产品海外形象的战略思路也应具有新的含义和特点。首先，海外产品质量方面应更看重海外消费者感知的产品品质，它不仅是可检验的产品质量，还包括产品设计环节引入互联网和智能制造的体验与售后服务；其次，在海外市场导向方面，应更关注海外消费者的整体价值链，不仅掌握海外消费者的显性需求，更重要的是了解其潜在需求；最后，创新和社会责任是新形势下优化我国海外产品形象战略中必须引起重视的关键动力源，它们与产品品质一起，形成支撑提升中国产品海外形象战略的"三驾马车"。基于本调查研究，可以精心概括出提升中国产品海外整体形象的三大坐标，即"品质、创新和社会责任"。为提升中国产品的海外形象，本章基于以上分析和研究结论，提出以下对策建议：

（1）以各国客户为中心打造高品质产品，这是提升中国产品海外形象的根本大法和第一标准。目前，一些海外消费者对中国许多产品印象较差，既源于我国一些假冒伪劣产品与造假行为没有得到有效遏制，也源于中国许多企业没有把各国客户放在中心位置，没有时刻注重海外产品的人性化设计，没有将各国顾客满意作为第一标准贯彻到产品制造的全过程，没有不断进行品质和技术革新，没有让海外客户参与产品的管理、研发和企业的成长。因此，从根本上提升中国产品海外形象不仅要注重可检验的物质化产品品质，还需要提升各国消费者的购物体验、身份认同的归属感、时尚引领的自豪感等感受性产品品质；同时，还需要为海外消费者提供能够产生惊喜、感动和启示的，具有高附加值的中国产品和服务。

（2）技术创新和市场创新是提升中国产品海外形象的核心竞争

力。技术创新、产品换代升级、开发未知海外市场、拓展新的各国市场渠道，是提高中国产品的技术含量和高附加值、获取海外市场竞争优势的关键因素。因此，缺乏首创精神，在创新上不占优势，擅长"拿来主义"的中国企业，需要专注于产品技术的改良，实现"二次创新"，实现自己产品在海外同行中的专利优势；而历经时代考验依然保持强大竞争力的优秀品牌企业，则应坚持自主创新，大胆开拓海外市场，积极抢占产品全球价值链的左右高端阵地，成为生产全球知名产品、具有良好国际形象的企业。

（3）创建企业国际社会责任体系是提升中国产品海外形象的关键支撑因素。中国企业提升海外产品形象必须重视与履行国际标准协会制定的新的社会责任国际标准体系 ISO26000。为此，需要结合我国企业"走出去"的特点，构建与 ISO26000 接轨的中国"走出去"企业的社会责任框架体系。它包括遵守各国法律、尊重国际行为规范、尊重利益相关方利益和透明度原则；覆盖组织治理、践行公平企业运营，保证对人权、劳工实践和环境关注，以消费者为中心，参与社区的建设与发展等七个方面的核心内容；并将政府推动和监督"走出去"企业把社会责任纳入企业审核机制与数据库管理，行业协会制定促进行业社会责任自律机制，企业将社会责任融入产品指南，加强组织治理，进行社会责任沟通、持续改进社会责任实践等活动。

（4）文化认同和绿色信任是提升中国产品海外形象的润滑剂。海外市场巨大且复杂，中国产品必须面对不同族裔、文化、宗教等背景的多元化用户，这种文化差异是中国产品"走出去"、进入海外市场的首要阻碍因素。此外，随着产品技术、品质的逐步提升，海外消费者对绿色的要求日渐增强。中国企业需要不断与海外接触、加强交流、协同配合，在差异中不断完善对不同社会和商业文化的认知；在加强节能环保技术、工艺、装备推广应用的同时，全面推行清洁生产，构建绿色制造体系，向海外展现中国的绿色商业价值观，取得海外消费者的信任，打通隔阂，最终展现中国产品的"全球化"平台优势。

（5）依据中国企业自身条件实施"因地制宜、重点突破、分类推进"战略措施。一是处于全球价值链高端的中国企业，应得到重点扶持，它们应高度重视应用 ISO26000 国际社会责任新标准体系来持续巩固其海外产品的优良形象。二是处于全球价值链中低端的中国企业，应采取对标管理战略，瞄准世界同行先进水平，努力攀升全球价值链高中端产品，并对照 ISO26000 七要素加快缩短差距，创建优良品牌。三是注重知识产权保护、海外维权体系和信用体系的建设。保护知识产权的关键是充分发挥司法和行政保护优势，为企业在海外创造更好的法制和市场环境。四是将提升海外产品形象融入"一带一路"倡议之中：一方面，"一带一路"沿线国家可以为我国企业提供许多合作项目与合作机遇，为企业"走出去"开拓新的空间；另一方面，我国许多企业面对国际市场的激烈竞争，只有加快企业海外产品与品牌的升级，才能打造与形成在"一带一路"倡议中的新优势。

第五章

新兴市场内创新与社会责任提升产品海外形象的实证分析

第一节 研究背景

中国产品海外形象的提升与维护需要正确的策略和管理。全方位的形象提升必须形成一系列精心策划、相互联系的优化路径，以满足日益增长及更为广泛的市场和消费者需求，同时必须考虑这些路径产生的深远影响。当企业重点关注显性的和潜在的消费者需求，聚焦于创造挖掘更多的消费者价值时，其产品在消费者心目中的形象会随着企业的行为而发生变化，对这些行为的剖析和探索形成了提升中国产品在发展中国家形象的主要路径。海外消费者在不断思考自身购买行为所带来的环境和社会影响（Gerzema & D'Antonio，2010），迫使中国产品同样面临道德选择和复杂的权衡，现在比以往任何时候都需要更全面的思考，使用创造性双赢方法来平衡相互冲突的需求，创造并传播产品和服务的真正价值（孔婷、孙林岩、冯泰文，2015）。

尽管消费者导向是必要的，但这并不够，中国企业和中国产品必须具有创造力（Fallon & Senn，2006），同时匹配强烈的伦理观、价值观和社会责任感（Grow，Hamm & Lee，2005）。已有文献中，一方面，深入研究创新（包括基于技术的创新和基于市场的创新）对企业发展和提升产品形象的重要作用，创新是经济发展的决定力量（冯之浚等，2015），塑造企业自身创新能力是处于服务经济时代的核心要务（魏江、黄学，2015）；另一方面，伴随着我国企业技术创新能力和主体地位的大幅提升（张赤东，2015），中国企业和中国产品也必须重点剖析消费者感知的企业社会责任的价值，强调履行社会责任的必要性，使消费者、员工和其他利益相关者感到满意并获得商业成功，是与采用和履行高标准的社会责任承诺行为有着紧密联系的，这不仅是"正确的事"，也是"要去做的聪明的事"（Smith，2003）。受到传统发展方式的影响或出于直觉，现行企业尤其是中国企业，更加重视创新的作用，更愿意为基于技术的和基于市场的创新投入更多的成本（张赤东，2015），以期得到有形的财产收入或绩效提升。但是，创新与企业社会责任两者的关系到底如何？在提升中国产品在发展中国家或新兴市场的海外形象过程中，是否也如直觉上认为的创新比企业社会责任更加重要？

本章使用来自新兴市场/发展中国家海外消费者的问卷调查数据，建立了多重中介模型，试图通过数据反映两者的真实关系，说明创新和企业社会责任在提升产品海外形象方面的重要性差别，同时分析基于技术的创新与基于市场的创新对产品海外形象的提升是否也会有不同程度的作用。中国企业是否应该决定在企业社会责任中扮演一个更积极的战略性角色，小心地审视目标海外市场消费者的信仰以及应该如何对待其社区和环境，中国企业需要如何接受挑战并利用对可持续性的需求来加速创新（Nidumolu，Prahalad & Rangaswami，2009），这些已经成为深入研究发展中国家消费者对中国产品形成积极印象的关键问题，成为剖析中国产品在海外形象提升的主要路径。

第二节　理论基础与研究假设

一　消费者定位与产品海外形象

进行消费者定位需要对目标顾客进行充分了解，因为他们能够为产品提供者供应持续的延伸产品或最优价值（Levitt，1980）。消费者定位要求产品提供者理解购买者的整体价值链（Day & Wensley，1988），不仅是因为当前的利润需求，还因为对整体价值链的把握将会随着时间的推移形成符合内在机理和市场动态的长期价值（Narver & Slater，1999），这种价值就包括消费者心目中的产品海外形象，其可以分为价格和价值、服务和管理、广告和声誉、设计和风格、消费者资料或顾客资料五个类别（Nagashima，1977）。因此，产品的提供者可以通过这五个方面提升产品在消费者心目中的总体形象。

产品提供者只有使用全面的定位框架才能清楚掌握潜在消费者现在或将来可能的需求，识别出可能的消费者满意因素。这样的消费者定位可以创造更多的价值，从不同的角度提升产品在消费者心中的形象，因此，本章提出：

假设 H5－1：消费者定位与产品海外形象之间存在着显著的正相关关系，即消费者定位越精准，产品海外形象的正向积累就越多。

二　创新的中介效应

消费者定位的主要目的不仅是掌握消费者的显性需求，更重要的是了解其潜在需求（Narver & Slater，1999）。可以通过提高领先用户的技术来加强消费者潜在需求的挖掘能力，即将可获得的最先进技术使用到"难缠和苛刻的用户"身上，这种方式常常可以成为发现消费者隐性需求的全新解决方案（Narver & Slater，1998）。这样的视角对于发展技术创新是非常有益的，能够极大地改善现有市场的消费者利益，同时迎合最难缠用户的需求（Chandy & Tellis, 1998）。虽然在技术上的投资是巨额的、有风险的，但来自市场和消费者的信号是清晰和确定的（张欣炜、林娟，2015），这是提升产品海外形象的必由之路。消费者定位的重点是创造"来源于消费者和竞争者分析的、基于知识的、更优的消费者价值"（Slater & Narver, 1995），虽然这样的聚焦可能会导致一些风险，但却能够为新兴市场的创新提供更多的可能性。

基于技术和市场的创新将发明的科学技术引入产品和企业，形成了一种新的生产能力（Schumpeter, 1934）。这种能力渗透产品的设计中，通过服务和管理体现产品的价值，成为产品的主要卖点和声誉来源，同时为消费者带来利益，即这种创新的能力可以通过上述五个方面提升消费者心目中产品的总体形象。

因此，基于技术和基于市场的创新更多是由消费者需求和导向所驱动，同时，这两方面的创新又会在某种程度上促使产品海外形象的提升。本章提出：

假设 H5-2a：产品提供者对消费者定位的关注度越高，基于技术的创新就会越多。

假设 H5-2b：产品提供者基于技术的创新越多，产品在海外消费者心目中的总体形象就会越高。

假设 H5-3a：产品提供者对消费者定位的关注度越高，基于市场的创新就会越多。

假设 H5-3b：产品提供者基于市场的创新越多，产品在海外消费者心目中的总体形象就会越高。

三 消费者感知的企业社会责任的中介效应

李伟阳和肖红军（2011）认为企业社会责任源于自愿的慈善行为、社会或消费者对企业行为的期望、企业对社会压力的回应等九种认知，可以看出，无论是主观自愿，还是迫于社会压力，作为产品提供者的企业履行社会责任义务的主要驱动因素是社会，是大众，是企业广义的消费者。以消费者为导向的企业更倾向于满足消费者需求，增加其对企业社会责任履行的感知。与此同时，企业社会责任的感知还能够提高一线员工的绩效（Korschun，Bhattacharya & Swain，2014），增加消费者对企业的识别度（Lichtenstein，Drumwright & Braig，2004）。例如，当一个企业更主动、更多地履行社会责任时，传递给消费者的企业形象（如公德心、慈善）会更加积极，消费者会对企业有更高的识别度；进一步地，消费者会更加支持企业，对企业的产品形象拥有更好的感知。因此，本章认为感知的企业社会责任是消费者定位与产品形象的中介变量，并提出：

假设 H5-4a：产品提供者对消费者定位的关注度越高，消费者对企业社会责任的感知就会越多。

假设 H5-4b：消费者感知的企业社会责任越多，产品在消费者心目中的总体海外形象就会越高。

第三节 实证分析与结果

一 信度和效度分析

（1）信度和收敛效度。运用 Amos 23.0 对研究中使用的量表进行验证性因素分析（CFA），通过计算每个构念的组成信度（CR）和平均提取方差（AVE）评估潜变量的信度和收敛效度。CR 值在 0.803—0.895，AVE 值介于 0.507—0.631，均达到了建议值（CR > 0.7，AVE > 0.5）。因此，测量量表具有较好的内部一致性，信度良好，且具有收敛效度，见表 5-1。

表5-1 验证性因素分析

潜变量	测项	非标准负荷	标准误	t值	标准负荷	项目信度	CR	AVE
产品海外形象	POI 1	1	—	—	0.802	0.643	0.895	0.631
	POI 2	1.026	0.068	15.082*	0.802	0.643		
	POI 3	0.946	0.072	13.206*	0.721	0.520		
	POI 4	1.179	0.077	15.319*	0.812	0.659		
	POI 5	1.173	0.074	15.757*	0.831	0.691		
消费者定位	ConsOrient 1	1	—	—	0.742	0.551	0.872	0.577
	ConsOrient 2	1.144	0.087	13.142*	0.788	0.621		
	ConsOrient 3	1.050	0.077	13.571*	0.816	0.666		
	ConsOrient 4	1.148	0.087	13.256*	0.796	0.634		
	ConsOrient 5	0.858	0.080	10.688*	0.644	0.415		
感知的CSR	pCSR 1	1	—	—	0.746	0.557	0.831	0.552
	pCSR 2	0.945	0.079	11.937*	0.775	0.601		
	pCSR 3	1.101	0.094	11.686*	0.752	0.566		
	pCSR 4	1.009	0.092	10.933*	0.696	0.484		
市场创新	InnoM 1	1	—	—	0.810	0.656	0.803	0.507
	InnoM 2	0.847	0.076	11.155*	0.717	0.514		
	InnoM 3	0.833	0.079	10.502*	0.665	0.442		
	InnoM 4	0.754	0.074	10.217*	0.646	0.417		
技术创新	InnoT 1	1	—	—	0.637	0.406	0.810	0.520
	InnoT 2	1.365	0.160	8.516*	0.864	0.746		
	InnoT 3	1.147	0.127	9.015*	0.660	0.436		
	InnoT 4	1.286	0.155	8.297*	0.700	0.466		

注：* $p<0.01$。

资料来源：作者整理。

（2）区别效度。使用两种方法检验构念的区别效度。首先，对比五因素、四因素、三因素、双因素和单因素模型的拟合度。嵌套的对比模型说明五因素模型（$\chi^2 = 225.476$，$\chi^2/df = 1.260$，AGFI $= 0.917$，CFI $= 0.982$，RMSEA $= 0.029$）相对于其他模型是最优的（Ng, Ang & Chan, 2008），四因素模型 [$\Delta\chi^2$（4）= 245.380，p < 0.00]，三因素模型 [$\Delta\chi^2$（7）= 587.899，p < 0.00]，双因素模型 [$\Delta\chi^2$（9）= 904.790，p < 0.00] 和单因素模型 [$\Delta\chi^2$（10）= 1759.183，p < 0.00] 具有较为糟糕的拟合度，如表5-2所示，选用的量表具有较好的区别效度。其次，计算每两个构念的共同方差，表5-1显示平均提取方差（AVE）的最小值是0.507，高于量表构念所有可能的两两结合的共同方差（表5-3的上三角部分）的最大值0.071，说明研究选用的量表具有较好的区别效度。表5-3还显示了各主要变量的均值、标准差以及变量之间的相关系数（下三角部分），可以看出消费者定位对产品海外形象的正向相关关系。

表5-2　　　　　　　　　　区别效度检验

模型 \ 建议值	χ^2 愈小愈好	df 愈大愈好	χ^2/df <3	GFI >0.9	AGFI >0.9	TLI >0.9	CFI >0.9	RMSEA <0.08
五因素（All Individualities）	225.476	179	1.260	0.936	0.917	0.979	0.982	0.029
四因素（InnoT + InnoM）	470.856	183	2.573	0.861	0.825	0.872	0.889	0.072
三因素（pCSR + InnoT + InnoM）	813.375	186	4.373	0.752	0.692	0.726	0.757	0.106
双因素（All except POI）	1130.266	188	6.012	0.689	0.618	0.593	0.635	0.129
单因素（All Combined）	1684.659	189	8.914	0.577	0.483	0.357	0.421	0.162

注："+"为两个变量组合。

资料来源：作者整理。

表5-3　　　　　　各变量均值、标准差、相关性及共同方差

变量	均值	标准差	1	2	3	4	5
产品海外形象	4.632	1.021	—	0.067**	0.071**	0.065**	0.043**
消费者定位	4.600	1.101	0.258**	—	0.031**	0.058**	0.030**
感知的企业社会责任	4.757	1.142	0.267**	0.177**	—	0.012	0.065**
基于市场的创新	4.420	1.129	0.254**	0.241**	0.110	—	0.014*
基于技术的创新	4.494	1.051	0.208**	0.173**	0.255**	0.117*	—

注：** $P<0.01$，* $P<0.05$（双尾）；矩阵对角线下方是相关系数，矩阵对角线上方是共同方差。

资料来源：作者整理。

二　多重中介效应分析

（1）总效应和直接效应。消费者定位到产品海外形象的总效应和直接效应分别是0.3277（p<0.01）和0.1883（p<0.01），两者的差异是三个中介变量的总的间接效应0.1394，偏差校正法和百分位值法Bootstrap置信区间分别是｛0.0640，0.2545｝和｛0.0590，0.2423｝，可以看出消费者定位到产品海外形象的总效应和直接效应的差异是异于零的，验证了假设H5-1。

（2）特定间接效应。多重中介模型中，我们更关注特定的间接效应。使用Bootstrapping的方法检验间接效应，每个间接效应的置信区间估计使用偏差校正和百分位值两种方法。特定的间接效应是$a_1b_1=0.0270$（基于技术的创新），$a_2b_2=0.0556$（基于市场的创新），$a_3b_3=0.0569$（感知的企业社会责任），这三个特定间接效应的标准误和临界比率如表5-4所示。我们发现，通过"感知的企业社会责任"和"基于市场的创新"所产生的消费者定位到产品海外形象的特定间接效应是显著异于零的，通过"基于技术的创新"产生的间接效应使用偏差校正法进行Bootstrapping时显著异于零，而通过百分位值法估计的结果是显著为零的，说明相对于感知的企业社会责任和基于市场的创新，这是一个较弱的特定间接效应，但可以看出，基于技术的创新也是一条多重中介。假设H5-2、假设H5

-3、假设 H5-4 得到了验证。

表 5-4 基于 Bootstrapping 的多重中介效应分析结果

变量/关系	系数估计值	系数乘积战略 标准误	系数乘积战略 Z 值	Bootstrapping 偏差校正法 95% CI 下限	偏差校正法 95% CI 上限	百分位值法 95% CI 下限	百分位值法 95% CI 上限
间接效应							
基于市场的创新	0.0556	0.0296	1.8784	0.0116	0.1321	0.0068	0.1216
基于技术的创新	0.0270	0.0202	1.3366	0.0003	0.0851	-0.0036	0.0765
感知的企业社会责任	0.0569	0.0261	2.1801	0.0181	0.1242	0.0142	0.1162
总间接效应	0.1394	0.0470	2.9660	0.0640	0.2545	0.0590	0.2423
直接效应							
消费者定位→产品海外形象	0.1883	0.0866	2.1744	0.0228	0.3610	0.0251	0.3617
总效应							
消费者定位→产品海外形象	0.3277	0.0820	3.9963	0.1714	0.4863	0.1753	0.4910
对比效应							
基于市场与基于技术的创新	-0.0299	0.0313	-0.9553	-0.1022	0.0259	-0.0965	0.0301
基于市场的创新与 pCSR	0.0013	0.0360	0.0361	-0.0723	0.0729	-0.0708	0.0738
基于技术的创新与 pCSR	0.0286	0.0376	0.7606	-0.0409	0.1109	-0.0466	0.1043

注：5000 份 Bootstrap 样本；pCSR——感知的企业社会责任。

资料来源：作者整理。

（3）对比效应。考察这三个特定间接效应差异的显著性是很有趣的，如表 5-4 下方特定间接效应的两两对比结果。首先比较基于技术的创新和感知的企业社会责任，使用式（1.2）和式（1.3）定义两者的差异和差异的样本方差值，可以得到 Fc = 0.1567 × 0.1723 - 0.2400 × 0.2369 = 0.0286 和 var［Fc］= 0.0014。这个差异的 95% 的置信区间因此是 ｛-0.0466, 0.1043｝ 和 ｛-0.049,

0.1109］，由于零被包含在这个区间里，所以基于技术的创新和感知的企业社会责任这两个特定间接效应在重要性上没有显著的差异，尽管在特定间接效应的检验中，感知的企业社会责任是显著异于零，而另一个基于技术的创新在百分位值法上是显著等于零的。当基于技术的创新没有充分地显著等于零，或者感知的企业社会责任没有充分地异于零时，这样表面上的矛盾是可能发生的（Preacher & Hayes，2008）。两者的对比效应显示在发展中国家提升中国产品海外形象的过程中，技术创新和企业社会责任具有同等重要的作用。同理，可以判断感知的企业社会责任和基于市场的创新以及基于市场和基于技术的创新这两组特定间接中介效应的差异对比。

这些结果表明，基于市场的创新、基于技术的创新、感知的企业社会责任三者作为一个集合，在消费者定位与中国产品海外形象的关系中产生了中介效果；更为重要的结论是，在发展中国家提升中国产品的海外形象，需要同时关注技术创新、市场创新和企业社会责任，三者在提升形象的战略和方案实施方面具有同等重要的作用，这与直觉上或在其他地区得出的创新相对于企业社会责任/绿色发展更为重要的结论（张思雪、林汉川，2017）是截然不同的。路径 a（包含 a_1，a_2 和 a_3）和路径 b（包含 b_1，b_2 和 b_3）的方向与理解三个中介效应对消费者定位和产品海外形象的作用是一致的，即更准确的消费者定位会表现出更好地把握技术创新、市场创新和感知的企业社会责任三个维度，这些又会反过来更好地提升中国产品在发展中国家的形象。值得注意的是，单个特定的中介效应并不代表给定的中介变量（M）对解释变量（X）和被解释变量（Y）的中介作用，而是表示在控制了其他中介变量后 M 的中介作用。以感知的企业社会责任为例，0.0569 是指在控制了基于技术和基于市场的创新后，其对消费者定位到产品海外形象的特定间接中介效果。

第四节　新兴市场对策建议

本章基于新兴市场/发展中国家海外消费者对中国产品印象的调查数据，从产品提供者和消费者的角度探讨了提升中国产品在发展中国家海外形象的优化路径和战略重点，得出以下主要结论，以及具有借鉴意义的重要启示。

（1）精准的新兴市场/发展中国家海外消费者定位，其不同于新常态下总体的或在发达国家市场的战略侧重点。首先，使中国制造的产品人性化、精益求精、长于细节等消费者定位是必不可少的，这也是吸引购买的主要因素；其次，相较于传统的"价廉多销"形象战略，以及新常态下品质、创新和责任并驾齐驱，创新优于责任的总体战略（张思雪、林汉川，2017）而言，针对新兴市场/发展中国家的战术定位需要注意创新与社会责任两者具有同等重要的作用。

（2）新兴市场的信号告诉我们，在领先用户（Slater & Narver, 1998）中使用先进的技术，进行技术二次创新，是一条提高产品海外形象的首选和必由之路。继续保持和加强对技术创新的重视，培养企业的创新意识和创新能力；着眼中国企业实际，相较日本及一些欧美国家，中国虽然缺乏首创精神，但擅长"拿来主义"，可以在改良和细节上下功夫，实现"二次创新"，在这个过程中发挥自己的技术创新优势。

（3）中国产品要在复杂多元的市场上立足，不能仅仅依靠在庞大的市场迫使下，不断采取新技术、发明新产品，还需要用创新的方式发展用户、开发未知的市场。当企业积极地探索直接解决现存消费者不满意需求的技术创新以保证较高的回报率时，尽管很难对市场的创新进行实质性的投资，却是进一步提升产品海外形象不可以忽略的重要环节和路径。

（4）目前发展中国家的消费者对于企业慈善行为的期望已经达

到了一定的高度，中国企业在消费者心目中的形象和企业的识别度已经反映到了企业的绩效层面，因此，消费者对企业社会责任履行程度的感知对于提升中国产品的形象起到了举足轻重的作用，并且与创新同等重要。中国企业需要提高消费者感知的企业社会责任，以促使自己的百姓信任中国产品，让新兴市场／发展中国家的海外消费者信任中国企业。品牌不是人工创造出来的，品牌从来都是经营出来的。

第六章

创新与社会责任提升海外发达国家市场产品形象的实证分析

第一节 研究背景

现今，高铁、支付宝、共享单车和网购被称作中国的"新四大发明"。曾以古代"四大发明"推动世界进步的中国，正再次以科技创新向世界展示自己的发展理念。中华民族在新时代下正在以令全世界无比羡慕的速度崛起强大，我们的企业也正在用自己的方式解决着中国生态环境中的问题。看似中国的创新风潮正在引领着全球科技市场的变化，中国企业的社会责任正在赶超世界先进企业的步伐。然而，中国企业/产品在海外消费者心中的总体形象是否产生了传统"Made in China"以外的印象？技术与责任形象和资本一样，不会被政府或某个人的意志和好恶所左右，哪里有机会，它就会流向哪里（吴军，2017）。企业若想将产品的理念植入消费者心中，并形成特定的良好产品形象，需要有效的资源配置和精心安排。

无论是保持专注与创新的华为，还是以绿色管理行动推动发展的艾伯特（Brat，2008），都在以独特的方式向世界企业宣布，创新和社会责任对于想要走出国门、进军国际市场的企业，对于欲在海外消费者心目中形成直击心灵的产品形象的企业起着至关重要的作用，两者能够发挥的性能和带来的长久利益早已不言而喻（Foss & Saebi，2017；齐丽云、李腾飞、郭亚楠，2017）。然而，当几乎所有企业都知道技术创新的重要性，当来自可持续发展的社会责任为传统的绿色生态带来了更为苛刻的要求，当社交媒体、全天候电视剧集和 24 小时新闻圈不断被纳入日常生活中，当人们的时间和注意力资源越来越紧缺，企业如何在这个迅速变化的时代充分发掘自己的独特价值？如何在创新和社会责任中权衡投资（或者说创新和社会责任哪个更重要）？如何将有限的资源配置到能够获取最优收益的要素中？企业对产品创新能力或履责能力的投入直接决定了产品的定位，这种定位是品牌给消费者的第一印象，也是直抵消费者内心的。

企业通过创新或社会责任塑造了产品形象，但产品形象也反过来影响企业。企业资源的配置是企业自我表达和塑形的一种方式，如何捕捉传统与现代形象之间的市场空白，在创新与社会责任的博弈之间，企业又要决定如何分配才能够打造符合海外消费者需求、融合创新与责任又独树一帜的全新产品海外形象？

本章使用来自 26 个发达国家 976 份海外消费者的问卷调查样本，建立了多重中介模型和调节的中介效应模型，试图在当前创新风靡、市场对社会责任提出更为严苛要求的背景下，通过数据反映市场创新、技术创新、社会责任与产品海外形象之间的真实关系，说明创新和感知的企业社会责任在提升发达国家海外市场的产品形象方面是否存在重要性上的显著差异；同时探讨了当消费者卷入度水平不同时，创新主导型企业应采取的最优战略路径，即在消费者时间和注意力越来越紧缺的当下，企业应将有限的资源和资本投入哪些方面才能以最有效、最优的方式提升发达国家市场海外消费者对产品的印象。

第二节　理论基础与研究假设

一　市场关系与产品海外形象

市场关系由机会识别和能力形成两个变量组成（Phillips, Alexander & Lee, 2017）。与利益相关者建立友好关系的企业正在由传统的市场关系向新的市场关系扩展，新的市场关系通过四种机制寻求新的机会，三种机制形成新的知识和技能，这七种机制的运用使企业在不同的背景下能够充分利用他们的能力以获得更好的发展，提升在新的市场关系中的产品形象，并且成为企业财富的最终来源（Post, Preston & Sachs, 2002）。机会识别的四种机制分别是进入新市场，指企业理解和进入新的细分目标市场以建立新的市场关系；接触新的利益相关者，与非常有前景的关键利益相关者如公众代理、主要的智囊团、大学和政府机构等建立市场关系；进入新的社区，通过获得当地群体或社区行动团体支持的方式进入当地的社区并形成新的市场关系；通过获取志趣相投组织的支持，追求新的机会以得到风险共担的目的。能力形成包含：通过研究机构等获取有用的新知识的能力；通过志愿活动或者无偿与更大的私人企业合作等方式构建和学习专业知识的能力；通过寻求经过培训和有能力的专业中介机构的帮助，并与其合作形成新的技能的能力。

建立多重市场关系以及与利益相关者的卓越关系，对于企业联合价值的创造具有十分重要的作用（Parmar, Freeman & Harrison, 2010），这种价值包括提高产品价值和性价比，增强产品的可信赖程度，提供更能迎合消费者心理的服务和管理模式，改进产品的工艺流程，提升技术先进性，打造消费者可以识别的品牌，建立消费者购买产品的自豪感，以及关心产品外观颜色的设计等，也就是说市场关系对于提升企业产品在海外消费者心目中的形象具有重要作用。

总体而言，企业可以通过建立新的市场关系创造更多的价值，特别是当这种市场关系的建立是基于解决某种特定需求的共享价值时（Bridoux & Stoelhorst，2016），基于此，本章提出：

假设 H6-1：市场关系与产品海外形象成正相关关系，即（a）企业具备的机会识别能力越强，产品的海外形象越好；（b）企业构建能力的技能越强，产品在海外消费者心中的形象越好。

二 创新和社会责任的中介作用

追求合作的市场关系优势可以使企业实施一个有价值、有创造力的战略，并且形成更优的价值创造力，从而推动企业产品海外形象的提升（Strand & Freeman，2015）。首先，尽管面对一个没有明确定义的消费者群体或者一个没有被明确识别的市场需求时，理解并进入新的市场是经常受到挑战和质疑的，但是伴随着高风险的可能是高收益，进入这样的市场能够获得更好的新机会（Chesbrough，2010）。例如，可以利用新的市场资源和信息进行创新（Salge 等，2013），履行符合新市场需求的社会责任（刘计含、王建琼，2017），并且这个机会能够为企业带来不可估量的新价值，提升企业产品在传统市场和新市场的形象（林汉川、张思雪，2017）。其次，与新的利益相关者建立关联为接触重要的市场创新、技术创新和履行社会责任承诺信息（唐鹏程、杨树旺，2016）提供了手段，决定了企业"做生意"的方式和活动，尽管这种改变可能是非常微妙的，但是仍然会为企业带来重要的收益和价值，提升企业在这些利益相关者心中的形象（Amit & Zott，2012）。再次，通过与当地的社区群体发展关系而进入新的社区也可以为企业创造新的价值来源，这些群体能够为好的想法和机会提供一个"沙池"，还能够确保企业形成真正迎合或满足目标社区需求的创新技术和新设计，也能够为企业通过最小的成本履行社会责任带来最大的收益，从而形成一个良性的动态循环（Murphy & Coombes，2009），最终提升产品在海外社区的总体形象。最后，一个倾向于传递社会正能量的组织更可能找到当地愿意搭档的企业进行合作，以便于为其社区传递更多的社会福利（Dahan 等，2010）；与志趣相投的企业/组织进行合作不仅可以追求新的机会，还可以共同规避或分担风险，共同享受进行市场创新、技术创新和传递社会责任帮助社区所带来的额外收益，实现双赢的同时，对于提升各自企业产品在当地的形象也会产生极大的助益作用（Karimi & Walter, 2016）。

总之，通过进入新市场、接触新利益相关者、进入新社区以及风险共担四个机制形成的机会识别，不仅能够提供新的资源和信息进行市场创新、技术创新，还能为社会责任的履行提供迎合当地消费者需求的全新角度，从而提升产品在海外社区/市场/消费者心中的形象。由此，本章提出：

假设 H6-2：创新（市场创新与技术创新）和社会责任中介了机会识别和产品海外形象之间的关系，即当企业的机会识别能力越强，进行创新和履行社会责任承诺的能力就会越强，进而可以带来更好的产品海外形象。

无论是想要进行市场创新、技术创新，还是履行企业的社会责任，仅仅能够识别现有机会、充分利用相应资源和信息是不够的，还要求企业具有相关的知识技能（Phillips, Alexander & Lee, 2017）。首先是与高校、研究机构或更广泛的群体进行合作，获取最新的市场、技术创新知识和履责的手段（夏丽娟、谢富纪、王海花，2017），从而通过实现这些知识的价值提升企业的产品收益（Westley 等，2014）和海外形象。其次是通过志愿服务或者是以无偿协助的形式参与更大企业的运行，这样不仅可以见识到这些企业的优势技能，建立专业的知识技能弥补自身的不足，而且能够从这种差距或威胁中得到提升；这种利用式学习会强化组织惯性的正向效应（吕一博、韩少杰、苏敬勤，2017），当企业感受到更多的威胁而不是机会，当新的战略能够有益于企业发展，企业更有可能进行新的技术创新，采纳新的市场创新手段，履行更多的社会责任，从而为企业带来包括提升形象在内的价值收益（Saebi, Lien & Foss, 2017）。最后是通过专业的培训和支持机构发展新的技能，许多企业已经改变了它们搜寻新想法的方式，开始采纳一种新的开放战略，利用广泛的外部机构和资源去帮助它们获取持续的能力，实现基于技术和基于市场的创新，获取履行社会责任承诺带来的好处，从而提升其产品的海外形象（Laursen & Salter, 2016）。

一个企业学习借鉴新知识新技能以形成自身的文化和结构，对于灵活的创新和履责战略具有重要影响（Bock, Opsahl & George, 2012）。这种能力形成可以通过上述三个角度影响企业基于市场和技术的创新能力，影响企业履行社会责任承诺的手段和方式，从而提升其产品在海外消费者心中的形象，为企业带来更好的收益与绩效。因此，本章提出：

假设 H6-3：创新（市场创新与技术创新）和社会责任中介了能力形成和产品海外形象之间的关系，即当企业获取知识技能的能力越强，进行创新和履行社会责任承诺的能力就会越强，进而可以带来更好的产品海外形象。

三　消费者卷入度的调节效应

大量试图对消费者行为进行解释和预测的理论表明，消费者是理智的、聪明的，并且善于思考和解决问题，他们会积极地寻求有价值的信息作为自己进行购买决策的依据，他们根据评估做出明智的决策（Kozinets, 2016）。然而，在现实生活中，许多消费者（尤其是海外消费者）并没有收集广泛而全面的信息，这使研究者开始关注消费者行为的两个方面（Solomon, 2016），即较高水平的消费者卷入度和较低水平的消费者卷入度。总的来说，消费者卷入度水平的高低意味着个体相关性或关联性水平的高低（Greenwald & Leavitt, 1984）。本章的消费者卷入度定义为在内在固有需求、固定的价值观念和利益条件下，消费者个体感知对象的关联性，即对企业产品的关联性（Zaichkowsky，1985）；这是一个个体差异变量，是由于消费者掌握信息的不同而在购买和交流行为过程中产生的、具有因果联系和动机性的可变因素。消费者卷入度高低水平的不同，将会使消费者在信息采纳、交流印象，甚至是购买决策过程中产生很大的差异（Laurent & Kapferer，1985），从而影响消费者对产品以及产品所有企业的感知，影响产品的总体形象。也就是说，不同输入和感知过程对产品海外形象的影响取决于消费者的卷入度水平；当消费者在不完全市场信息下进行购买决策时，企业在短时间内向消费者传递什么样的信息和企业价值理念，以促使其完成最终的购买成为了至关重要的因素。对创新能力而言，技术创新会对主流消费者提供更多的利益（Heath，Chatterjee & Basuroy，2015）。当消费者对企业是否具有技术创新能力，或者具有多大程度的技术创新能力等信息了解得越多（卷入度水平高），消费者就会在心中形成对这个产品更为良好的印象和共识；同时，当消费者感受到的产品在设计或使用方面区别于竞争对手的优势越多，其对产品的印象也就会越好。就社会责任而言，消费者感知的企业社会责任履行程度与其产品的海外形象显著相关（齐丽云、李腾飞、郭亚楠，2017；张思雪、林汉川，2017）。当消费者非常清楚企业在履行社会责任承诺时所做出的努力和取得的成果时（卷入度水平高），就会对企业和其产品另眼相看；反之，当消费者不知道企业的履责行为或认为企业对社会、对社区和环境不负责任时（卷入度水平低），就会对企业形成较为恶劣的印象。基于此，本章提出如下假设：

假设H6-4：消费者卷入度调节着（a）技术创新、（b）市场创新、（c）企业社会责任与产品海外形象之间的关系。当消费者卷入度水平较高时，创新和社会责任提升产品海外形象的程度越高；相反，当消费者卷入度水平较低时，创新和社会责任提升产品海外形象的程度则越低。

第三节 实证分析与结果

一 信度和效度检验

（1）信度和收敛效度。对研究中使用的所有量表进行验证性因子分析，如表6-1所示。本章共使用七个潜变量，其中，因变量是中国产品海外形象；自变量中，机会识别和能力形成变量组成的市场关系是前置变量；创新由市场创新和技术创新共同构成；使用Amos 23.0得出的结果可以看出，所有题项的因子载荷均显著且大于建议值0.6。各潜变量的组成信度（最小值为0.826）大于建议值0.6；平均提取方差的最小值是0.543，大于建议值0.5。因此，研究使用的测量量表具有较好的内部一致性，信度良好，同时具有收敛效度。

表6-1　　　　　　　　验证性因子分析结果

潜变量	测项	非标准负荷	标准误	t值	标准负荷	项目信度	CR*	AVE*
机会识别	OppoIdenti 1	1.000	—	—	0.794	0.631	0.826	0.543
	OppoIdenti 2	0.912	0.043	21.369	0.728	0.530		
	OppoIdenti 3	0.889	0.042	21.210	0.722	0.522		
	OppoIdenti 4	0.809	0.039	20.596	0.700	0.490		
能力形成	Implem 1	1.000	—	—	0.842	0.708	0.826	0.616
	Implem 2	1.073	0.045	23.750	0.838	0.703		
	Implem 3	0.786	0.039	20.336	0.660	0.436		
技术创新	InnoT 1	1.000	—	—	0.757	0.573	0.832	0.553
	InnoT 2	0.962	0.045	21.145	0.736	0.542		
	InnoT 3	0.995	0.046	21.801	0.764	0.583		
	InnoT 4	0.923	0.045	20.621	0.716	0.513		

续表

潜变量	测项	非标准负荷	标准误	t值	标准负荷	项目信度	CR*	AVE*
市场创新	InnoM 1	1.000	—	—	0.737	0.543	0.827	0.545
	InnoM 2	1.060	0.052	20.441	0.733	0.538		
	InnoM 3	0.928	0.046	20.195	0.723	0.523		
	InnoM 4	1.021	0.049	20.994	0.758	0.575		
感知的企业社会责任	pCSR 1	1.000	—	—	0.762	0.580	0.854	0.595
	pCSR 2	1.003	0.041	24.502	0.826	0.682		
	pCSR 3	0.933	0.041	22.931	0.764	0.584		
	pCSR 4	0.910	0.042	21.887	0.729	0.532		
消费者卷入度	ConsInvolv 1	1.000	—	—	0.681	0.463	0.856	0.543
	ConsInvolv 2	1.021	0.053	19.223	0.709	0.503		
	ConsInvolv 3	0.996	0.049	20.197	0.753	0.567		
	ConsInvolv 4	1.138	0.053	21.364	0.812	0.660		
	ConsInvolv 5	0.991	0.051	19.539	0.723	0.523		
产品海外形象	POI 1	1.000	—	—	0.791	0.626	0.864	0.561
	POI 2	1.129	0.047	24.119	0.758	0.575		
	POI 3	1.133	0.047	24.047	0.756	0.572		
	POI 4	1.108	0.044	25.010	0.784	0.614		
	POI 5	0.929	0.046	20.116	0.646	0.417		

注：* CR = 组成信度；AVE = 平均提取方差。
资料来源：作者整理。

（2）区别效度。通过计算每两两构念的共同方差检验选用量表的区别效度，判断这些共同方差的最大值是否小于相应潜变量的平均提取方差（AVE值）的平方根。由表6-2可知，平均提取方差的平方根的最小值是机会识别构念的0.737，大于量表构念所有可能的两两结合的相关性系数（最大值0.296），说明选用的量表具有较好的区别效度。表6-2还显示了各变量的均值、标准差和相关系数，可以看出各变量之间的正向相关关系。

表 6-2　　　　　　　　　描述性统计和双变量相关性

变量	均值	标准差	1	2	3	4	5	6
能力形成	3.768	1.369	**0.785**					
机会识别	4.310	1.170	0.160**	**0.737**				
技术创新	4.364	1.124	0.168**	0.210**	**0.744**			
市场创新	3.878	1.193	0.296**	0.167**	0.208**	**0.738**		
感知的企业社会责任	4.401	1.179	0.173**	0.190**	0.268**	0.150**	**0.771**	
产品海外形象	4.175	0.882	0.227**	0.238**	0.302**	0.294**	0.239**	**0.749**

注：** p < 0.01；加粗字体表示各变量平均提取方差的平方根。
资料来源：作者整理。

二　多重中介效应分析

对比系数乘积战略和 Bootstrapping（含偏差校正法和百分位值法）方法，发现后者总体上优于系数乘积战略（Williams & Mackinnon，2008）。本章使用 Bootstrapping 方法进行多重中介效应的分析和假设检验，同时报告了三种方法的检验结果，如表 6-3 所示。

表 6-3　　　　基于 Bootstrapping 的 SEM 多重中介效应分析结果

变量	效应	系数估计值	系数乘积战略 标准误	系数乘积战略 Z 值	Bootstrapping 偏差校正法 95%CI 下限	偏差校正法 95%CI 上限	百分位值法 95%CI 下限	百分位值法 95%CI 上限
机会识别	直接效应	0.088	0.027	3.259	0.035	0.143	0.035	0.142
	总效应	—	—	—	—	—	—	—
	pCSR	0.106	0.028	3.786	0.054	0.163	0.052	0.160
	市场创新	0.110	0.028	3.929	0.056	0.166	0.055	0.166
	技术创新	0.121	0.028	4.321	0.068	0.177	0.067	0.177
	间接效应	—	—	—	—	—	—	—
	pCSR	0.017	0.007	2.429	0.007	0.034	0.006	0.032
	市场创新	0.022	0.008	2.750	0.009	0.040	0.009	0.039
	技术创新	0.033	0.009	3.667	0.018	0.055	0.017	0.053

第六章　创新与社会责任提升海外发达国家市场产品形象的实证分析　117

续表

变量	效应	系数估计值	系数乘积战略		Bootstrapping			
					偏差校正法 95%CI		百分位值法 95%CI	
			标准误	Z值	下限	上限	下限	上限
能力形成	直接效应	0.053	0.025	2.120	0.003	0.103	0.002	0.103
	总效应	—	—	—	—	—	—	—
	pCSR	0.066	0.025	2.640	0.016	0.116	0.015	0.115
	市场创新	0.095	0.024	3.958	0.047	0.142	0.047	0.142
	技术创新	0.074	0.026	2.846	0.025	0.126	0.024	0.125
	间接效应	—	—	—	—	—	—	—
	pCSR	0.012	0.005	2.400	0.005	0.025	0.004	0.023
	市场创新	0.041	0.010	4.100	0.025	0.064	0.024	0.062
	技术创新	0.021	0.007	3.000	0.009	0.039	0.008	0.037

注：5000份Bootstrap样本；pCSR=感知的企业社会责任。
资料来源：作者整理。

（1）直接效应。与系数乘积战略的结果一致，机会识别和能力形成变量到产品海外形象的直接效应分别是0.088（p<0.01）和0.053（p<0.05），偏差校正法（Bias-corrected）和百分位值法（Percentile）的95%置信区间不包含0。机会识别直接效应的置信区间分别是｛0.035，0.143｝和｛0.035，0.142｝；能力形成直接效应的置信区间分别为｛0.003，0.103｝和｛0.002，0.103｝，拒绝直接效应为0的原假设，直接效应存在，验证了假设H6-1a和假设H6-1b。

（2）总效应。就机会识别变量而言，通过感知的企业社会责任到中国产品海外形象的总效应为0.106（p<0.01），通过市场创新和技术创新形成的总效应分别是0.110（p<0.01）和0.121（p<0.01），表明机会识别通过三者提升产品海外形象的总效应存

在。同理，从能力形成变量的角度分析，通过感知的企业社会责任、市场创新和技术创新三个中介的总效应分别是 0.066（$p<0.05$）、0.095（$p<0.01$）和 0.074（$p<0.01$），能力形成变量到产品海外形象的总效应存在。所以，由机会识别和能力形成组成的市场关系变量通过创新和社会责任提升产品海外形象的总效应存在，这一分析为多重中介模型的特定间接效应分析奠定了基础。

（3）特定间接效应。多重中介模型中，我们不仅关心市场关系到产品海外形象的总间接效应，而且关注特定间接效应。由于总间接效应和特定间接效应的样本服从正态分布的假设经常受到质疑，尤其是在小样本情况下（Preacher & Hayes，2008），所以本章同时报告了 Bootstrapping 的方法检验特定间接效应，依然使用偏差校正法和百分位值法两种方法估计。由表 6-3 可以看出，机会识别和能力形成通过感知的企业社会责任产生的特定间接效应分别是 $a_1b_1=0.017$（机会识别，$p<0.05$）和 $a_4b_1=0.012$（能力形成，$p<0.05$）；通过市场创新产生的特定间接效应分别是 $a_2b_2=0.022$（机会识别，$p<0.01$）和 $a_5b_2=0.041$（能力形成，$p<0.01$）；通过技术创新形成的特定间接效应分别是 $a_3b_3=0.033$（机会识别，$p<0.01$）和 $a_6b_3=0.021$（能力形成，$p<0.01$）；同时，这六条特定间接效应的 95% 置信区间均显著异于 0，如通过市场创新形成的特定中介效应的偏差校正法置信区间分别是 {0.009，0.040}（机会识别）和 {0.025，0.064}（能力形成）。因此，创新和社会责任是市场关系（机会识别和能力形成）到产品海外形象的中介。假设 H6-2 和假设 H6-3 得到了验证。

（4）对比效应。对于多重中介模型对比效应的考察能够得到非常有趣的结果，同时能够为管理者的全球化实践、战略布局和有限资源分配提供重要的启示和指导作用，包括在海外发达国家市场提升产品形象的投入侧重点，以及其是否区别于在新兴市场的战术路径，是否有别于在全球范围内的创新与责任的战略选择。表 6-4 首先分别列示了针对机会识别和能力形成变量进行的感知的企业社会责任、市场创新和技术创新的对比效应，更为重要的是，分析了就市场关系而言（见表6-4的后4行），创新和社会责任两者对于提升产品海外形象的重要程度的差别。综合表6-3和表6-4可以看出，就具有机会识别能力的企业而言，通过感知的企业社会责任、市场创新和技术创新三者提升产品海外形象的程度并不存在显著差别；就具有能力形成属性的企业而言，通过感知的企业社会责任（$\beta = 0.012$，$p < 0.01$）与通过市场创新（$\beta = 0.041$，$p < 0.01$）对产品海外形象的影响存在显著差别（$\beta = -0.029$，$p = 0.004$；｛-0.052，-0.010｝，｛-0.051，-0.009｝），感知的企业社会责任与技术创新，以及技术创新与市场创新之间的对比效应并不显著，说明通过两者提升的产品海外形象的程度并无显著差别；对于致力于打造完美市场关系的企业而言，通过感知的企业社会责任（$\beta = 0.029$，$p < 0.01$）形成的海外形象提升与通过市场创新（$\beta = 0.063$，$p < 0.01$）提升的产品海外形象在程度上具有显著差别，这个差异是-0.034（$p < 0.05$），两种Bootstrapping方法的95%置信区间分别是｛-0.069，-0.002｝和｛-0.068，-0.002｝，同样，通过其他两个中介形成的形象提升并不存在显著差别。总之，在发达国家市场，创新（$\beta = 0.117$，$p < 0.01$）与社会责任（$\beta = 0.029$，$p < 0.01$）对于提升产品的海外形象存在显著差异（$\beta = -0.088$，$p = 0.000$；｛-0.135，-0.047｝，｛-0.134，-0.047｝），且创新优于社会责任。这个结论区别于在发展中国家或新兴市场提升产品海外形象，创新与社会责任同等重要的战术战略（林汉川、张思雪，2017），表明中国产品若想"走出去"，实现全球化国际化，需要因地制宜，针对海外当地不同的市场特色，合理配置有限资源，将更多的可调配资本投入当地消费者更加关注和在意的焦点要素上。

表6-4 基于Bootstrapping的SEM多重中介对比效应分析结果

变量	对比效应	系数估计值	系数乘积战略		Bootstrapping			
			标准误	Z值	偏差校正法 95%CI		百分位值法 95%CI	
					下限	上限	下限	上限
机会识别	pCSR与市场创新	-0.004	0.009	-0.444	-0.024	0.014	-0.024	0.014
	pCSR与技术创新	-0.016	0.011	-1.455	-0.039	0.005	-0.039	0.005
	市场创新与技术创新	-0.012	0.011	-1.091	-0.034	0.009	-0.034	0.009
能力形成	pCSR与市场创新	-0.029	0.011	-2.636	-0.052	-0.010	-0.051	-0.009
	pCSR与技术创新	-0.009	0.008	-1.125	-0.026	0.006	-0.026	0.007
	市场创新与技术创新	0.021	0.012	1.750	-0.002	0.044	-0.002	0.044
市场关系	pCSR与市场创新	-0.034	0.017	-2.000	-0.069	-0.002	-0.068	-0.002
	pCSR与技术创新	-0.024	0.017	-1.412	-0.059	0.008	-0.059	0.008
	市场创新与技术创新	0.009	0.019	0.474	-0.030	0.047	-0.030	0.048
	pCSR与创新	-0.088	0.022	-4.000	-0.135	-0.047	-0.134	-0.047

注：5000份Bootstrap样本。
资料来源：作者整理。

三 调节效应分析

表6-5显示了消费者卷入度作为调节变量的调节效应的系数估计值；图6-1描述了消费者卷入度调节技术创新这一中介的简单效应；图6-2则表明了消费者卷入度对感知的企业社会责任、市场创新和技术创新的调节效果。其中，"高"和"低"分别表示较高的和较低的消费者卷入度水平，分组依据是均值（mean = 4.057）±一个标准差（SD = 1.204），高低卷入度水平差异是高消费者卷入度水平与低水平卷入度之差，表中各系数及显著性同样使用Amos 23.0，通过系数乘积战略和Bootstrapping的偏差校正置信区间法和百分位值法获得，抽取5000份Bootstrap样本。首先，对于感知

的企业社会责任到产品海外形象路径，卷入度水平较高的（β = 0.029，p < 0.05）与卷入度水平较低的（β = 0.059，p < 0.05）消费者群之间不存在显著差异（β = 0.030，p > 0.05），由图 6-1A 也可以看出同样的结论；同理，由表 6-5 和图 6-1B 可以看出消费者卷入度水平不调节市场创新到产品海外形象这条路径，高卷入度水平（β = 0.193，p < 0.01）与低卷入度水平（β = 0.183，p < 0.01）的差异是 0.010（p > 0.05）不显著，假设 H6-4b 和假设 H6-4c 未得到验证。

表 6-5　　　　　　　　消费者卷入度调节效应结果

调节变量	阶段（技术创新）		调节效应（pCSR 与市场创新）	
	第一阶段	第二阶段	pCSR→POI	市场创新→POI
消费者卷入度				
卷入水平高	0.344 ***	0.315 **	0.029 **	0.193 ***
卷入水平低	0.244 **	0.107 *	0.059 **	0.183 ***
高低卷入度水平差异	0.100	0.208 **	0.030	0.010

注：*** $p < 0.01$，** $p < 0.05$，* $p < 0.1$。
资料来源：作者整理。

A　高消费者卷入度水平　　　　　　　B　低消费者卷入度水平

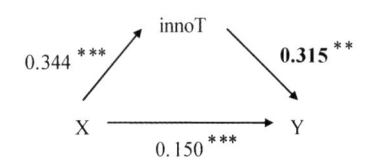

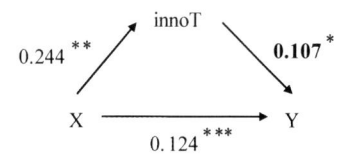

图 6-1　消费者卷入度对技术创新的调节效应

说明：加粗字体的系数表示消费者卷入度水平显著调节了这一阶段的效应；
*** $p < 0.01$，** $p < 0.05$，* $p < 0.1$。
资料来源：作者整理。

对于技术创新这个中介变量，间接效应的第一阶段，即市场关系到技术创新路径，高卷度水平组（β=0.344，p<0.01）与低卷入度水平组（β=0.244，p<0.05）并不存在显著差异（β=0.100，p>0.05），表明消费者卷入度不调节这一路径；间接效应的第二阶段，即假设H6-4a：市场创新到产品海外形象路径，高卷入度水平组（β=0.315，p<0.05）与低水平组（β=0.107，p<0.1）差异的估计系数是0.208（p<0.05），差异显著，说明消费者卷入度水平调节了技术创新与产品海外形象之间的关系；通过图6-2c也可以观察到相同的结论，验证了假设H6-4a。与此同时，如图6-1

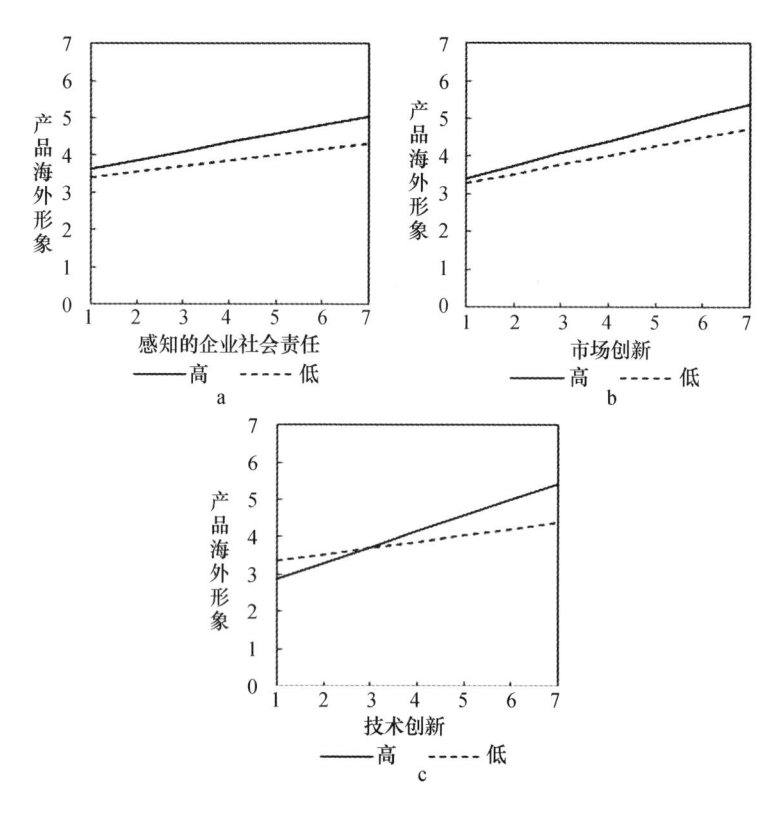

图6-2 消费者卷入度作为调节变量的调节效应

资料来源：作者整理。

所示，在比较技术创新中介高低卷入度水平的样本中，我们发现对于间接效应的第一阶段，高低卷入度水平并不存在显著差异（β = 0.100，p > 0.05），而对于间接效应的第二阶段，高卷入度水平的样本存在是更强的效应（β = 0.315，p < 0.05），且两组的效应存在显著差异（0.315 – 0.107 = 0.208，p < 0.05），假设 H6 – 4a 再次得到验证。

第四节　海外发达国家市场对策

本章基于海外发达国家消费者对中国产品/企业印象的调查数据，从创新（技术创新与市场创新）和社会责任两个战略角度重点探讨了提升产品在发达国家形象的最优组合策略，得出以下主要结论：第一，提升产品在海外发达国家市场的形象，首先需要企业明确自己的定位，打造专属的市场关系，具备识别市场机会的能力或/和掌握学习专业知识的技能。第二，为了在有限的消费者关注度下，合理地将有限资源和资本配置到能够发挥最大效用的战略重点上，想要拓展发达国家海外市场的企业需要重点关注创新，而非社会责任。具体而言，从市场创新、技术创新和感知的企业社会责任三个角度考察其对产品海外形象的影响程度，对于创新和责任而言，创新的贡献度大于社会责任的贡献度；然而，对于市场创新和技术创新而言，市场创新带来的形象提升略优于技术创新，同时，技术创新会受到不同的消费者卷入度水平影响，而市场创新则不会受到消费者卷入程度的限制。第三，发达国家的市场信号告诉我们，一个具有较高水平消费者卷入度的企业，提升产品在发达国家海外形象的首选投入重点是市场创新，辅以技术创新；而当企业的消费者卷入度水平较低时，其投资重点则应侧重到市场创新上。这一结论与第三章第三节分析中国产品海外形象创新水平现状的结果一致；海外消费者认为中国产品的技术创新水平相对较高于中国产品的市场创新水平，也就是说，市场创新水平的提升空间较大于技术创新，其可能会为产品形象的提升带来更大的价值创造和利润空间。第四，尽管在发达国家海外市场，创新优于社会责任，但消费者感知的企业社会责任仍然是显著的、不可忽略的提升产品海外形象的重要战略因素。文章的研究结果为欲拓展发达国家市场的企业应将有限资源投入哪些特定因素以获取最大收益、形成最优战略提供了有利线索和经验证据，也为企业管理者引领企业从优秀迈入真正卓越带来了新的启示。

  首先，对于拓展发达国家海外市场，企业应把创新作为引领发展的第一动力。企业想要"走出去"，应根据不同地区的经济发展程度及类型特点，采用不同的战术战略。对于新兴市场或发展中国家，创新与责任同等重要（林汉川、张思雪，2017）；绝大多数的新兴市场消费者有宗教信仰，其对企业社会责任的关注已经不仅反映在本国企业，而且体现在其对海外产品的总体印象上，也正因如此，企业社会责任已提升到与创新同等重要的地位。而对于发达国家市场，本章的研究结果表明，创新优于社会责任。所以，应在深入贯彻创新、协调、绿色、开放、共享发展理念的同时，深入实施创新驱动发展战略，依靠创新培育发展新动能，在多个领域和层次与当地企业开展科技创新合作，不仅可以为两国企业发展做出贡献，也能够将成果惠及更多国家包括发展中国家。

  其次，将有限资源投入更有针对性的方向并始终坚持，在企业从优秀到卓越的转变中发挥催化剂的作用。本章的研究结论已表明，对于创新主导型的企业，为获取最优利益，不同层次的企业有着截然不同的战略路径。更为重要的是，无论是对于应侧重市场创新并辅以技术创新的企业，还是将侧重点转移到市场创新的企业，都应为打造拥有持久生命力的产品海外形象而设定极高的标准，不打半点折扣。在靠浑水摸鱼或裙带关系发展已经行不通了的今天，如果企业不能全情投入某一细分领域并坚定使其独树一帜，成为全行业最优的市场关系打造者，企业的海外形象将难以为继；也就是说，产品海外形象折损的真正问题是企业的思维和做法落后于世界创新技术发展的脚步。

最后，实施"因地制宜、重点突破、分类推进"提升产品海外形象的运行机制，与打造创新、合作、透明、绿色可持续并举的核心价值密不可分。把产品打入发达国家海外市场，在将重点资源配置到不同的创新层面时，仍需注意的是，来自可持续发展的全球增速新引擎给各类企业的绿色生态的正向能量传递带来了更为苛刻的要求，尤其是对于已经走过依赖传统工业发展经济，尝过污染恶化恶果的发达国家市场。当企业面对因为短期利润而对可持续发展和履行社会责任承诺持否定态度的观点时，应坚持绿色系统推动企业可持续发展，升级创新形态，打造全新的产品海外形象解决方案。

第 七 章

创新与社会责任转化为产品海外形象的变现能力实证分析

第一节 研究背景

创新和社会责任对于商业世界乃至整个社会的影响,从未像今天这样巨大。因此,追赶技术潮流或追逐创新和社会责任标签,成为很多企业的标配,中国企业同样如此。然而,从商业层面看,创新与社会责任并非救命仙丹,贴上这种标签更不能包治百病,让企业一劳永逸,这种投入能否获得有效的收益是企业更为密切关注的问题。

创新本身伴随着海量的淘汰与风险,企业的创新只是硬币的一面,创新落地所带来的转换成本则是硬币的另一面(魏炜、张振广,2016),如果不能准确评估企业的变现能力,创新的价值增值空间也将被转换成本黑洞所吞噬;全球化和国际贸易是发达国家对发展中国家企业履行社会责任行为产生影响的重要驱动因素(黄伟、陈钊,2015),这种被动的、关注环保、劳工权益等社会问题的社会责任行为无法为企业带来直接的经济效益,如何将标签化时代下"不得不"的社会责任转化为企业的实际利益,是一个需要关注的重要问题。

基于此，本章以来自全球 68 个国家海外消费者的 2992 份有效问卷为样本，从企业—消费者识别度、消费者的忠诚度和其对企业能力的信念三个角度考察企业对创新和社会责任的变现能力，分析企业提升自身变现能力的手段和方法，探索提升创新和企业社会责任两者变现能力的最佳路径。

本章可能的研究贡献或预计将取得的研究进展体现在三个方面：第一，本章通过企业—消费者识别度、消费者的忠诚度和企业能力的信念三个角度考察企业对创新和社会责任的变现能力，研究结果对企业跨越创新和社会责任的商业变现鸿沟提供了重要的理论依据；第二，本章为创新和社会责任提升中国产品海外形象的运行机制提供了理论分析和实证支持，拓展了现有产品海外形象的分析框架，与此同时，考察了企业提升自身变现能力的手段和方法；第三，本章试图探讨提升创新和企业社会责任两者变现能力的最佳路径，在不同的消费者卷入度水平上企业的侧重点应有所区别，以最大化地发挥有限资源的利用效用，帮助企业最大限度地提高创新和社会责任的变现能力，更有效地提升产品的海外形象，为企业提供有借鉴作用的实际指导。

第二节　变现能力的界定

大量的研究讨论了企业应该以及如何提升创新能力（颉茂华、王瑾、刘冬梅，2014）和消费者对社会责任履行程度的感知（Hogg & Terry，2000），企业可以通过研究投入等手段提升企业在海外的创新能力，通过对环境、社区和劳工权益的关注获得海外消费者对企业履行社会责任的信任，但是仅有知名度还不够，知名度和产品海外形象之间还有一道鸿沟，还需要惊险的一跳。与固定资产、应收账款的变现不同，知名度的变现能力是无形资产的变现能力，其数量、结构与衡量相对更加复杂。创新和对社会责任承诺的履行作为一种对消费者的外界刺激，具有主观模糊性，企业想将其转化为品牌、转化为产品形象，并进行商业变现，会引起很强的客观不确定性，自我归类理论和社会影响理论（Hogg & Terry，2000；Paulus，2015）认为，其会促使消费者对熟悉的/具有专业能力的对象产生信息依赖，以减少这种不确定性，这些对象提供的、某种程度被消费者感知到的信息和反应是非常具有说服力的；也就是说，创新和社会责任的变现能力依赖于消费者对企业的熟悉程度/识别度、依赖程度/忠诚度，以及其对企业能力持有的信念。因此，本章认为，变现能力包括：（1）企业—消费者识别度。其被定义为消费者基于感知的企业贡献与其自我概念的重合度而产生的、对一个供应产品企业的心理依赖程度（Bhattarcharya & Sen，2003），企业通过建立信任为与消费者的交流提供便利、培育识别度，这种识别度是最具表现力的受益方式，消费者对企业识别度的提升增加了个人价值与企业价值的比较，形成了自我归类，因此通过满足消费者的自我界定需求提供了一种变现的能力。（2）消费者忠诚度。与 Zeithaml & Parasuraman（1996）一致，消费者忠诚度包含消费者持有的对企业产品的宣传倾向，继续购买企业这个产品的意图，以及继续购买企业其他商品（交叉购买）的意图，当消费者对企业产品和服务的满意度达到一定的阈值，就会形成消费者忠诚度（Larivi，Keiningham & Aksoy，2016），这种忠诚度是将企业创新能力和社会责任履行能力进行商业变现的重要组成部分。（3）企业能力信念。消费者对企业能力的信念是指其通过感知企业产品的质量和价值所产生的对企业能力的信任程度（Du，Bhattacharya & Sen，2007），变现不能操之过急，透支消费者对产品的信任和喜爱是一个危险的游戏，想要成功评估创新的转换成本，将企业树立的社会责任形象转化为消费者对产品形象的感知，需要建立消费者对企业能力持有的长久信念，这也是将知名度转化为品牌，转化为产品形象的重要前提和变现能力。

第三节 理论基础与研究假设

一 创新、社会责任与产品海外形象

产品提供者可以通过两种方式为海外消费者创造价值、提升产品的总体形象（Narver & Slater, 1990），一是降低与消费者利益有关的成本，如降低产品的价格/提升产品的价值，为消费者提供便利的服务、管理流程等；二是增加与消费者成本有关的利益，如设计符合产品特性的广告/保证产品的信誉，设计符合产品属性的包装风格，通过完善的顾客资料有针对性地为消费者提供产品和服务等。创新能够将新的发明与科学技术引入产品和企业中，形成新的生产能力（Andersson 等，2016），并将这种能力渗透到企业产品的设计中，体现在产品的服务和管理上（吴建祖、肖书锋，2016；孔婷、孙林岩、冯泰文，2015），成为产品海外形象的主要来源。另外，海外消费者在不断思考自身购买行为对环境和社会带来的影响，迫使企业进行更全面的思考，其面临更复杂权衡和道德选择（李国平、韦晓茜，2014），迫使其通过企业社会责任的承诺和履行创造并传播产品和服务的真正价值。基于此，本章提出如下假设：

假设 H7-1：创新（H7-1a）、企业社会责任（H7-1b）与产品的海外形象正相关。

二 创新、社会责任与变现能力

我们的研究通过企业—消费者识别度，消费者的忠诚度和其对企业能力的信念三个角度考察企业的变现能力。就企业社会责任而言，企业—消费者识别度对企业而言是一种富有表现力的受益来源（Homburg, Stierl & Bornemann, 2013），其来自消费者个人价值和企业价值的对比，从而产生的一种自我归类感（Hogg & Terry, 2000），因此，通过实现消费者的自我识别需要可以提升企业的识别度

(Wolter & Cronin，2016)。一种有利的企业社会责任声誉是驱动识别度的主要原因之一 (Lichtenstein, Drumwright & Braig, 2004)，这种影响的主要原因是企业在社会责任领域的行为能够真实揭示组成企业识别度的价值、灵魂和特征 (Du, Bhattacharya & Sen, 2007)，传达了社区利益相关者的利益诉求 (Homburg, Stierl & Bornemann, 2013)，如果消费者感知的社会责任价值与其内心固有的价值一致，识别度就会得到积极的提升 (Romani, Grappi & Bagozzi, 2016)。工具化的利益相关者理论认为，企业社会责任的主要目的是创建与利益相关者之间长期的、相互的利益关系 (Bhattacharya, Korschun & Sen, 2009)，消费者的忠诚度也就成为本章研究的一个重要产出变量。品牌企业的社会责任意识直接影响消费者对与这个品牌有关的企业能力信念 (Du, Bhattacharya & Sen, 2007)，消费者认为企业履行社会责任的能力与其能否生产高质量的产品是直接相关的，并且是非常敏感的 (Sen & Bhattacharya, 2001)，即其感知的企业社会责任履行程度与其持有的企业能力信念直接相关。对于创新，从消费者的角度来讲，基于技术的创新具有四个主要特征 (Gatignon & Xuereb, 1997)，一是较难评估的产品概念，二是较高的转换成本，三是对学习新产品付出额外的努力，四是理解产品的全部优点需要付出的额外时间，它们决定了企业的创新能力能够带来识别度、培育消费者忠诚度、增强其对企业能力的信念。因此，本章认为，创新和企业社会责任能够提升企业的变现能力。基于此，提出如下假设：

假设 H7-2：创新 (H7-2a)、企业社会责任 (H7-2b) 与变现能力正相关。

三 变现能力与产品海外形象

本章试图通过论述组成变现能力的三个维度与产品海外形象的关系，阐述变现能力与产品海外形象的关系假设。首先，企业—消费者识别度对于企业形成和管理产品的海外形象具有重要的作用

(Balmer, Abratt & Mofokeng, 2001), 其不仅能够带来消费者的满意度, 还能够在服务—收益供应链中起到重要的连接作用 (Homburg, Wieseke & Hoyer, 2009)。通过两种方式 (Dowling, 2000) 影响并提升产品在消费者心目中的总体形象: 一是建立消费者识别企业的特征与企业形象之间的正确关联, 二是识别度以自动转化和增强的方式提升产品的海外形象。企业的识别度是管理企业形象和企业声誉的重要前提和基础 (Gray & Balmer, 1998)。其次, Sirgy & Samli (1985) 认为, 企业形象的评估在很大程度上由两个因素决定, 除了自我形象与企业形象的一致性外, 另一个重要决定因素就是由地区忠诚度和社会经济状态决定的购物忠诚度; 消费者的忠诚度是消费者信任企业、信任企业产品的保证, 其具有伦理道德的特征 (Hildreth, Gino & Bazerman, 2016), 企业拥有忠诚度这种变现能力, 会提升其产品在消费者心中的形象和信任度。最后, 如果消费者对企业产品质量和价值具有足够的信心 (Sen & Bhattacharya, 2001), 企业产品的海外形象也会得到相应的提升, 与此同时, 消费者感知的企业产品的服务质量也会直接影响企业的海外形象 (Satsanguan, Fongsuwan & Trimetsoontorn, 2015)。Stipp & Schiavone (1996) 认为, 发起者想要树立成功的、正面的企业形象需要重视三个因素, 一是广告的质量, 二是 (消费者) 对于发起者的积极的态度, 三是产品信息的公开可见性, 这三个因素正是消费者建立其持有的企业能力信念强弱的重要维度。因此, 当企业—消费者识别度、消费者忠诚度和其对企业能力的信念累积到一定的程度, 企业的变现能力与其产品在海外消费者心中的形象就会得到相应的提升。基于此, 提出如下假设:

假设 H7-3: 变现能力与产品的海外形象正相关。

四 消费者卷入度的调节效应

针对消费者行为的研究者形成了大量的复杂理论, 企图解释和预测消费者行为 (Reny, 2015)。这些理论指出: 消费者积极地寻求有用的信息以便于自己做出购买选择，这表明消费者是聪明的、理智的、善于思考和解决问题的有机结合体，其能够通过评估做出明智的决策（Kozinets，2016）。然而，实际生活中，许多消费者的购买决策行为并没有收集非常广泛的信息，这使得学者们开始关注消费者行为的两个方面（Solomon，2016），即较高的消费者卷入度和较低的消费者卷入度。尽管不同领域有不同的关注焦点（Greenwald & Leavitt，1984），如在广告领域，通过与广告的相关度进行管理卷入度——接收者个体被广告影响、激励而产生的对广告的反应；在产品分类领域，相关度关心的是消费者对产品的需求和评价；在购买决策研究领域，其关心的是决策——消费者被激励而认真做出的购买决策。总的来说，较高的消费者卷入度意味着较高的个体相关性或关联性（Greenwald & Leavitt，1984）。本章使用通用的、聚焦于个体相关度/关联度的消费者卷入度概念（Greenwald & Leavitt，1984；Krugman，1967），其被定义为个体基于内在固有的需求、价值观念和利益所感知的对对象（中国产品）的关联性（Zaichkowsky，1985）。理论上，消费者卷入度被看作个体差异变量，是由于消费者的购买和交流行为而产生的、具有因果性或动机性的可变因素；也就是说，消费者卷入度水平的不同，将会使消费者在购买决策过程或者交流过程产生很大的差异（Laurent & Kapferer，1985），从而影响消费者对产品所有企业的感知。其中，决策过程包括对比品牌动机的强弱、选择过程的长度以及达到最大或特定满意度水平的意愿；交流过程则指包含信息收集的程度、广告的可接受性，宣传期间产生认知反应的数量和类型等与产品和企业进行接触的全过程。因此，消费者卷入度对变现能力的各维度是否产生显著影响取决于不同的输入和感知过程。对于企业的创新能力，其能够为企业的主流消费者提供更多的利益（Heath，Chatterjee & Basuroy，2015），为企业区别于其他企业提供更多的消费者识别度，其与消费者的个体、心理和情境三个方面的卷入度（Zaichkowsky，1985）密切相关。就企业的社会责任而言，消费者感知的企业社会责任履行程度与其持有的企业能力信念显著相关（Sen & Bhattacharya，2001），当社会责任提供了更多的与消费者内在利益、价值和心理情境的卷入因素，就可能获得更多的消费者能力信念支持；而当消费者卷入度较低时，企业社会责任对企业能力信念的影响也会相应减弱。基于此，本章提出如下假设：

假设 H7-4：消费者卷入度调节创新与企业—消费者识别度（H7-4a），企业社会责任与企业能力信念（H7-4b）的关系。

第四节　实证分析与结果

一　信度和效度检验

表7-1显示了使用 Amos 23.0 对研究中使用量表进行的验证性因素分析（CFA）的汇总结果。可以看出，每个潜变量的组成信度（CR）和平均提取方差（AVE）的最小值分别是 0.80 和 0.50，均大于建议值 0.7 和 0.5，同时，模型的拟合度良好（$\chi^2 = 611.202$，df $= 284$，$\chi^2/\text{df} = 2.152$，GFI $= 0.984$，AGFI $= 0.981$，TLI $= 0.989$，CFI $= 0.990$，RMSEA $= 0.020$），因此，研究量表具有较好的内部一致性，信度和收敛效度检验通过。表7-2显示了各主要变量的均值、标准差以及变量之间的相关系数，相关系数说明各变量之间显著正相关，共同方差的最大值 0.12 小于平均提取方差的最小值 0.50，说明区别效度检验通过。

表7—1 验证性因素分析

潜变量	测项	非标准负荷	标准误	t值	标准负荷	项目信度	CR	AVE
创新	Inno 1	1.00	—	—	0.76	0.58	0.83	0.54
	Inno 2	0.97	0.03	36.11**	0.75	0.56		
	Inno 3	0.90	0.03	34.52**	0.71	0.50		
	Inno 4	0.93	0.03	35.07**	0.72	0.52		
社会责任	pCSR 1	1.00	—	—	0.75	0.56	0.85	0.58
	pCSR 2	1.02	0.02	40.75**	0.81	0.66		
	pCSR 3	0.95	0.02	38.80**	0.76	0.58		
	pCSR 4	0.92	0.02	37.36**	0.73	0.53		
企业—消费者识别度（变现能力）	CCIdenti 1	1.00	—	—	0.71	0.50	0.85	0.53
	CCIdenti 2	1.01	0.03	35.97**	0.73	0.53		
	CCIdenti 3	1.07	0.03	38.58**	0.79	0.62		
	CCIdenti 4	1.08	0.03	37.81**	0.77	0.59		
	CCIdenti 5	0.90	0.03	31.23**	0.63	0.40		
消费者忠诚度（变现能力）	CLoyal 1	1.00	—	—	0.77	0.59	0.80	0.50
	CLoyal 2	0.77	0.03	29.53**	0.61	0.37		
	CLoyal 3	1.06	0.03	34.81**	0.75	0.57		
	CLoyal 4	0.88	0.03	32.21**	0.67	0.45		
企业能力信念（变现能力）	CABelief 1	1.00	—	—	0.81	0.66	0.87	0.63
	CABelief 2	1.05	0.02	49.36**	0.85	0.72		
	CABelief 3	0.98	0.02	47.52**	0.81	0.66		
	CABelief 4	0.86	0.02	39.79**	0.70	0.49		
消费者卷入度	ConsInvolv 1	1.00	—	—	0.71	0.50	0.84	0.52
	ConsInvolv 2	1.09	0.04	30.41**	0.62	0.38		
	ConsInvolv 3	1.03	0.03	37.46**	0.78	0.61		
	ConsInvolv 4	1.09	0.03	37.32**	0.77	0.59		
	ConsInvolv 5	0.96	0.03	34.06**	0.70	0.49		

续表

潜变量	测项	非标准负荷	标准误	t 值	标准负荷	项目信度	CR	AVE
产品海外形象	POI 1	1.00	–	–	0.80	0.64	0.87	0.57
	POI 2	1.06	0.03	42.04**	0.75	0.56		
	POI 3	1.10	0.03	43.37**	0.77	0.59		
	POI 4	1.12	0.02	45.61**	0.81	0.66		
	POI 5	0.85	0.03	34.10**	0.62	0.38		

注：** $p<0.01$。

资料来源：作者整理。

表7-2　　　　　　　　各变量均值、标准差及相关性

变量	均值	标准差	1	2	3	4	5	6
创新	4.34	1.08	**0.54**	0.09**	0.09**	0.05**	0.06**	0.09**
企业社会责任	4.40	1.15	0.30**	**0.58**	0.08**	0.04**	0.05**	0.08**
企业—消费者识别度	4.15	1.10	0.30**	0.28**	**0.53**	0.10**	0.09**	0.12**
消费者忠诚度	3.95	1.15	0.22**	0.20**	0.32**	**0.50**	0.06**	0.08**
企业能力信念	3.94	1.12	0.24**	0.22**	0.31**	0.25**	**0.63**	0.14**
产品海外形象	4.21	0.87	0.31**	0.27**	0.34**	0.28**	0.37**	**0.57**

注：** $P<0.01$（双尾）；矩阵对角线下方是相关系数，矩阵对角线上方是共同方差，加粗字体的数值为 AVE 值。

资料来源：作者整理。

二　中介效应分析

表7-3与表7-4是运用 Amos 23.0 对结构方程模型（SEM）进行多重中介分析的系数乘积战略和 Bootstrapping 方法结果。从表7-3的中介效应分析可以看出，创新和企业社会责任对产品海外形象的直接效应分别是 0.122（CI = {0.083, 0.161} 和 {0.083, 0.162}）和 0.073（CI = {0.038, 0.107} 和 {0.039, 0.107}），直接效应显著，假设 H7-1a 和假设 H7-1b 得到验证。对于创新，企业—消费者识别度的间接效应和总效应分别是 0.040（CI =

{0.028, 0.054} 和 {0.028, 0.053}）和 0.162（p=0.000），消费者忠诚度的间接效应和总效应分别是 0.023（CI = {0.015, 0.034} 和 {0.014, 0.033}）和 0.145（p=0.000），企业能力信念的间接效应和总效应分别是 0.049（CI = {0.036, 0.064} 和 {0.035, 0.063}）和 0.171（p=0.000）；从企业社会责任变量分析，企业—消费者识别度的间接效应和总效应分别是 0.030（CI = {0.020, 0.042}）和 0.104（p<0.01），消费者忠诚度的间接效应和总效应分别是 0.016（CI = {0.010, 0.025} 和 {0.010, 0.024}）和 0.090（p<0.01），企业能力信念的间接效应和总效应分别是 0.042（CI = {0.029, 0.057}）和 0.115（p<0.01）。因此，无论是对于创新还是企业社会责任而言，变现能力（表现为企业—消费者识别度、消费者的忠诚度以及其对企业能力的信念三个变量）都是提升中国产品海外形象的重要中介变量，假设 H7-2（含假设 H7-2a 和假设 H7-2b）和假设 H7-3 得到验证。

表 7—3　　基于 Bootstrapping 的 SEM 多重中介效应分析结果

变量	效应	系数估计值	系数乘积战略 标准误	系数乘积战略 Z值	Bootstrapping 偏差校正法 95% CI 下限	偏差校正法 95% CI 上限	百分位值法 95% CI 下限	百分位值法 95% CI 上限
	间接效应	—	—	—	—	—	—	—
	企业—消费者识别度	0.040	0.007	5.714	0.028	0.054	0.028	0.053
	消费者忠诚度	0.023	0.005	4.600	0.015	0.034	0.014	0.033
	企业能力信念	0.049	0.007	7.000	0.036	0.064	0.035	0.063
创新	直接效应	0.122	0.020	6.100	0.083	0.161	0.083	0.162
	总效应	0.234	0.021	11.143	0.195	0.276	0.194	0.276
	企业—消费者识别度	0.162	0.020	8.100	0.124	0.202	0.124	0.202
	消费者忠诚度	0.145	0.020	7.250	0.108	0.185	0.108	0.184
	企业能力信念	0.171	0.021	8.143	0.132	0.213	0.131	0.212

续表

变量	效应	系数估计值	系数乘积战略 标准误	系数乘积战略 Z值	Bootstrapping 偏差校正法 95%CI 下限	Bootstrapping 偏差校正法 95%CI 上限	Bootstrapping 百分位值法 95%CI 下限	Bootstrapping 百分位值法 95%CI 上限
社会责任	间接效应	—	—	—	—	—	—	—
	企业—消费者识别度	0.030	0.005	6.000	0.020	0.042	0.020	0.042
	消费者忠诚度	0.016	0.004	4.000	0.010	0.025	0.010	0.024
	企业能力信念	0.042	0.007	6.000	0.029	0.057	0.029	0.057
	直接效应	0.073	0.017	4.294	0.038	0.107	0.039	0.107
	总效应	0.162	0.019	8.526	0.125	0.200	0.125	0.200
	企业—消费者识别度	0.104	0.017	6.118	0.069	0.136	0.069	0.136
	消费者忠诚度	0.090	0.018	5.000	0.055	0.125	0.055	0.124
	企业能力信念	0.115	0.018	6.389	0.080	0.151	0.080	0.151

注：5000份Bootstrap样本。
资料来源：作者整理。

如表7-3所示，创新的总效应是0.234（CI＝｛0.195，0.276｝和｛0.194，0.276｝），企业社会责任的总效应是0.162（CI＝｛0.125，0.200｝），从表7-4的对比效应可以分析出，两者总效应的对比系数估计值是-0.072（p<0.05，CI＝｛-0.141，-0.009｝），说明对于中国企业，创新的变现能力比履行企业社会责任行为产生的变现能力更强，对中国产品海外形象的提升具有更积极的作用。就创新而言，企业—消费者识别度与消费者忠诚度（CI＝｛0.001，0.033｝）以及消费者忠诚度与企业能力信念（CI＝｛-0.042，-0.010｝）存在显著差异，而企业—消费者识别度与企业能力信念并不存在显著差异（CI＝｛-0.027，0.009｝），说明提升创新的变现能力，企业—消费者识别度（β＝0.040，p＝0.000）和消费者的企业能力信念（β＝0.049，p＝0.000）两者的贡献大于消费者忠诚度（β＝0.023，p＝0.000）的贡献，同时识别度与企业能力信念在统计上表现出一致的贡献度。就企业社会责任而言，企业—

消费者识别度与消费者忠诚度（CI = {0.002，0.027} 和 {0.001，0.027}）以及消费者忠诚度与企业能力信念（CI = {-0.039，-0.015}）存在显著差异，而企业—消费者识别度与企业能力信念并不存在显著差异（CI = {-0.029，0.004}），说明提升企业社会责任的变现能力，消费者忠诚度产生的贡献度（$\beta = 0.016$，$p < 0.01$）小于企业—消费者识别度（$\beta = 0.030$，$p < 0.01$）和消费者的企业能力信念（$\beta = 0.042$，$p < 0.01$），同时，识别度与企业能力信念对于提升社会责任的变现能力，在统计上表现出一致的贡献度。

表7—4 基于 Bootstrapping 的 SEM 多重中介对比效应分析结果

变量	对比效应	系数估计值	系数乘积战略 标准误	系数乘积战略 Z值	偏差校正法 95% CI 下限	偏差校正法 95% CI 上限	百分位值法 95% CI 下限	百分位值法 95% CI 上限
创新	识别度与忠诚度	-0.009	0.009	-1.000	0.001	0.033	0.001	0.033
创新	识别度与能力信念	-0.026	0.008	-3.250	-0.027	0.009	-0.027	0.009
创新	忠诚度与能力信念	0.014	0.007	2.000	-0.042	-0.010	-0.042	-0.010
社会责任	识别度与忠诚度	-0.012	0.008	-1.500	0.002	0.027	0.001	0.027
社会责任	识别度与能力信念	-0.026	0.006	-4.333	-0.029	0.004	-0.029	0.004
社会责任	忠诚度与能力信念	-0.010	0.006	-1.667	-0.039	-0.015	-0.039	-0.015
责任与创新	总效应对比	-0.072	0.033	-2.182	-0.141	-0.009	-0.141	-0.009
责任与创新	企业—消费者识别度	-0.007	0.005	-1.400	-0.022	0.002	-0.022	0.003
责任与创新	消费者忠诚度	-0.007	0.009	-0.778	-0.017	0.002	-0.016	0.002
责任与创新	企业能力信念	-0.009	0.009	-1.000	-0.025	0.011	-0.025	0.011

注：5000 份 Bootstrap 样本。
资料来源：作者整理。

三 调节效应分析

表7-5显示了消费者卷入度作为调节变量的调节效应，其中，"高"和"低"消费者卷入度水平分别是均值（mean = 4.203）±一个标准差（SD = 1.141），间接效应的高低水平差异是高消费者卷入度水平与低水平卷入度之差，各组的间接效应是相应第一阶段与第

二阶段路径系数的乘积,第一阶段、第二阶段、间接效应以及高低水平差异的显著性检验运用 Amos 23.0 通过偏差校正置信区间法和百分位值法获得,抽取 5000 份 Bootstrap 样本。对于创新到企业消费者识别度这条路径(间接效应的第一阶段),相对于高消费者卷入度水平组($\beta = 0.372$, $p < 0.01$),低消费者卷入度水平组的估计系数是 0.162($p < 0.01$),两者具有显著差异($\beta = 0.210$, $p < 0.05$),消费者卷入度调节了创新与企业—消费者识别度的关系,同时,高消费者卷入度水平组($\beta = 0.061$, $p < 0.01$)与低卷入度水平组($\beta = 0.043$, $p < 0.01$)都具有显著的间接效应,假设 H7 - 4a 得到验证。对于企业社会责任到企业能力信念路径(间接效应的第一阶段),高、低消费者卷入度水平的估计系数分别是 0.139($p < 0.01$)和 0.313($p < 0.01$),差异显著($\beta = -0.174$, $p < 0.05$),相对应的间接效应分别是 0.037($p < 0.01$)和 0.089($p < 0.01$),说明消费者卷入度调节了企业社会责任与企业能力信念之间的关系,假设 H7 - 4b 得到验证。

表 7—5　　　　　　　　分组调节效应分析结果

关系	调节变量:消费者卷入度	第一阶段	第二阶段	间接效应
关系:创新→企业—消费者识别度→产品海外形象	高(消费者卷入度水平)	0.372 ***	0.165 ***	0.061 ***
	低(消费者卷入度水平)	0.162 ***	0.262 ***	0.043 ***
	高低水平差异	0.210 **	-0.097	0.018
关系:创新→消费者忠诚度→产品海外形象	高(消费者卷入度水平)	0.268 ***	0.135 ***	0.036 ***
	低(消费者卷入度水平)	0.299 ***	0.062 ***	0.019
	高低水平差异	-0.031	0.073	0.019
关系:创新→企业能力信念→产品海外形象	高(消费者卷入度水平)	0.209 ***	0.268 ***	0.056 ***
	低(消费者卷入度水平)	0.162 ***	0.285 ***	0.046 ***
	高低水平差异	0.047	-0.017	0.010
关系:企业社会责任→企业能力信念→产品海外形象	高(消费者卷入度水平)	0.139 ***	0.268 ***	0.037 ***
	低(消费者卷入度水平)	0.313 ***	0.285 ***	0.089 ***
	高低水平差异	-0.174 **	-0.017	-0.052 *

续表

调节变量：消费者卷入度		第一阶段	第二阶段	间接效应
关系：企业社会责任→企业—消费者识别度→产品海外形象	高（消费者卷入度水平）	0.295***	0.165***	0.049***
	低（消费者卷入度水平）	0.199***	0.262***	0.052***
	高低水平差异	0.096	-0.097	0.003
关系：企业社会责任→消费者忠诚度→产品海外形象	高（消费者卷入度水平）	0.219***	0.135***	0.030***
	低（消费者卷入度水平）	0.148**	0.062	0.009
	高低水平差异	0.071	0.073	0.020

注：* $p<0.1$，** $p<0.05$，*** $p<0.01$；5000 份 Bootstrap 样本。
资料来源：作者整理。

调节效应的数据模式预见了一个非常有趣的结果，不仅揭示了消费者卷入度对上述运行机制的调节作用，而且为本章主要结论的得出提供了重要启示。简而言之，研究发现，对于创新与变现能力，消费者卷入度显著调节了创新与企业—消费者识别度之间的关系（$\beta=0.210$，$p<0.05$），说明消费者的卷入度水平越高，消费者对企业的识别度也越高；然而，消费者卷入度不调节创新与消费者忠诚度（$\beta=-0.031$，$p>0.1$），创新与企业能力信念（$\beta=0.047$，$p>0.1$）之间的关系，说明消费者卷入度水平的高低无法对变现能力的这两个维度形成显著影响；也就是说，当企业无法识别并获取消费者卷入度的更多信息时，可以通过消费者忠诚度和企业能力信念两种途径提高创新的变现能力，跨越商业变现鸿沟，从而化解或规避企业难以短期提升的消费者卷入度水平。同理，对于社会责任与变现能力，消费者卷入度调节了社会责任与企业能力信念之间的关系（$\beta=-0.174$，$p<0.05$），说明消费者的卷入度水平影响社会责任在能力信念这一维度上的变现能力；然而，消费者卷入度不调节社会责任与企业—消费者识别度（$\beta=0.096$，$p>0.1$），以及社会责任与消费者忠诚度（$\beta=0.071$，$p>0.1$）之间的关系，说明消费者卷入度水平并不显著影响变现能力的这两个维度；也就是说，当企业无法短期内识别或提升消费者的卷入程度时，可以通过提高企业—消费者识别度和消费者的忠诚度两种途径提升社会责任的变现能力。

第五节 理论贡献与管理启示

一 理论贡献

从理论的角度，我们的主要目标是揭示创新和社会责任的变现能力是什么（what），如何利用有限的资源投入最重要的关键环节（where），从而有效率地提升两者的变现能力，以及在不同的消费者卷入度水平下（when）是否会有不同的影响，如何利用消费者卷入的程度产生提升变现能力的倍增效应（how）。研究发现，实现创新变现能力的最佳路径是增强消费者对企业能力的信念，而提升社会责任变现能力的最佳路径是提高企业—消费者的识别度。

具体而言，从企业—消费者识别度、消费者忠诚度和企业能力信念三个角度考察创新和社会责任的变现能力，对于创新而言，企业—消费者识别度和消费者的企业能力信念两者的贡献度大于消费者忠诚度的贡献；然而，企业—消费者识别度变现能力会受到不同的消费者卷入度水平影响，企业能力信念的变现路径则不会受到消费者卷入程度的限制，综合多重中介模型和调节效应两者的结论，可以表明，当企业短期内无法提升消费者的卷入程度时，增强消费者对企业能力的信念是实现创新变现能力的最佳路径。同理，就社会责任的变现而言，消费者忠诚度产生的贡献度小于企业—消费者识别度和消费者的企业能力信念；不同的消费者卷入度水平会对企业社会责任转化为消费者对企业能力持有的信念产生不同程度的影响，却无法干扰企业—消费者识别度和消费者忠诚度两条转化路径，因此可以分析出，当企业短期无法获取并提升消费者的卷入度程度时，提升社会责任变现能力的最佳路径是提高企业—消费者的识别度。本章的研究提供了一些新的发现，也为现有的研究成果提供了支持。

　　创新和社会责任转化为产品海外形象需要惊险的一跳——商业变现，企业应该如何进行有效率地转化是当今学者们研究的重要方向。研究结果为创新和企业社会责任形成的知名度如何有效地转化为品牌和产品形象提供了一个至关重要的信息。具体而言，本章强调了较为抽象的知名度概念，帮助开展创新和履行社会责任的企业达到提升品牌和产品形象的总体目标，引导其建立对知名度的积极态度；提出变现能力的概念，从三个角度考察衡量变现能力，从而实现有效地转化：一是通过增加企业和消费者之间的识别度，使企业在消费者心中区别于其他企业，区别于同类的竞争对手；二是提高消费者的忠诚度，使其具有持续使用企业产品以及推荐企业产品的强烈动机和使命感；三是增强消费者持有的企业能力信念，坚定消费者认为企业产品是可靠的，企业有能力持续提供有保障的服务。

　　文章的研究结果为揭示企业如何提升创新和企业社会责任的变现能力，探索提升两者变现能力的最佳路径提供了有利线索和经验证据，也为企业管理者跨越变现鸿沟带来了新的启示。

二　管理启示

　　企业要想成功，要想获得经济利润，仅进行创新、履行企业社会责任还不够，更为关键的是把能力变现。变现不能操之过急，透支消费者的喜爱和信任是一个危险的游戏。如果想打造一个品牌，提升中国产品在海外消费者心目中的形象，需要放弃迅速变现的渴望，短期销量并不重要，重要的是有多少消费者识别、认知、信任中国产品，这是一种商业模式。在瞬息万变的数字时代，在创新和社会责任被标签化的时代，增加企业的变现能力变得尤为重要。

　　首先，为创新主导型企业在实践中将创新能力转化为产品的形象，提升企业变现能力提供了重要的指导方向。以创新为主要手段提升知名度的企业，在发展初期，应着重增强消费者对企业能力持有的信念，最大限度地发挥有限资源带来的效益，以提升创新的变现能力，跨越变现鸿沟，即提升企业创新变现能力的最佳路径是增强消费者对企业能力持有的信念。然而，当消费者卷入达到一定程度时，应着重提升消费者对企业的识别程度，增强其使用企业产品的舒适感和依恋度，这会产生创新变现能力的倍增效应，让企业获得意外的收获。

其次，相对于创新主导型的企业，以履行社会责任承诺为主要途径提升知名度的企业有着截然不同的变现路径——应首先增强企业与消费者之间的识别度，这是区别于其他企业，区别于竞争对手实现社会责任变现，提升变现能力的最佳选择。然而，想要平稳跨越商业变现这道鸿沟，履行企业社会责任承诺，提升企业—消费者识别度还远远不够。当消费者逐步认知、承认并信赖企业产品时，这类企业应该注意，提升变现能力的主要手段需要向增强消费者持有的企业能力信念过渡，因为消费者卷入程度的提升以递增的效果增强着社会责任知名度转化为产品海外形象的变现能力。这对于着力提升消费者感知的社会责任的企业管理者具有重要的现实意义和战略作用。

这些方法无一能确保变现成功，也不是企业唯一的致胜途径，但却是我们将知名度转化为品牌与形象，弥合战略和执行之间差距，帮助中国企业增加长远胜利概率，获得可持续成功的重要手段。

第 八 章

研究结论、启示与展望

第一节 研究结论

本研究从数据出发,得出了全球、新兴市场和发达国家海外市场中,创新、社会责任与中国产品海外形象的关系,以及两者在贡献程度上具有显著差异的重要结论;与此同时,在创新和社会责任标签成为很多企业标配的今天,企业在海外市场投入的资源到底在多大程度上能够转化为有形的或无形的企业资产,通过何种路径能有效地实现转化成为创新和履责行为落地的关键。如果不能准确评估这种变现能力,创新和社会责任的价值增值空间将会被高额的转换成本吞噬,因此,本书在分析了不同市场类型中创新和社会责任对提升产品形象重要程度差异的基础上,考察了创新和社会责任形成的知名度转化为品牌和产品海外形象的变现能力,并分别探讨了实现创新变现能力和社会责任变现能力的最优路径。

首先,在全球范围内,传统的"质量至上"观念受到挑战,仅靠质量提升中国产品海外形象很难独占鳌头,需要创新与其齐头并进,共同发挥以质量为基础,以技术创新和市场创新为提升的协同作用;与此同时,绿色发展和企业社会责任对于经济新常态下中国产品海外形象的提升也起着不可忽视的作用;也就是说,以市场创新和技术创新为代表的创新和消费者感知的企业社会责任对于产品海外形象的提升都具有重要的贡献和作用,但创新为形象提升带来的贡献大于社会责任的贡献。因此,可以精确概括出提升中国产品海外形象的三大基本价值观"德质兼备、标新立异、热爱绿色",在这一基础上,能够明确"中国制造"整体形象的三大坐标"品质、创新和责任",将中国的国家形象定位于"价值的加速器"和"梦想与文化的摇篮"。

其次,就新兴市场而言,创新和社会责任对于提升产品的海外形象具有同等重要的作用。企业想要拓展发展中国家的海外市场,需要明确自己的定位,聚焦于创造显性的和潜在的消费者价值,理解购买者的整体价值链;消费者定位型的企业为了挖掘消费者的潜在需求,需要在领先用户中使用先进的技术、进行技术的创新,尽管这样的投资是巨额的、有风险的,但市场的信号告诉我们,这是一条提高产品形象的首选和必由之路;虽然基于市场的创新可能是简单的技术方面,但管理者只能猜测新兴市场的规模、新产品的利润率或者理想的产品属性,尤其是当企业积极地发展直接解决现存消费者不满意需求的技术创新以保证较高的回报率时,很难对基于市场的创新进行实质性的投资,而这是进一步提升产品海外形象不可以忽略的环节和路径;目前社会对于企业慈善行为的期望已经达到了一定的高度,企业在消费者心目中的形象和企业的识别度已经反映到了企业的绩效层面,这也使得消费者对企业社会责任履行程度的感知对于提升产品的形象起到了举足轻重的作用。

再次,对于想要拓展发达国家海外市场的企业而言,以市场创新和技术创新为表现的创新的贡献度大于消费者感知的企业社会责任贡献度,即创新相对于企业社会责任具有更为显著的作用。需要注意的是,尽管创新优于企业社会责任,但消费者感知的企业社会责任仍然是提升中国产品在海外发达国家市场形象显著的、不可或缺的因素。对于发达国家海外市场,这个结论是可以理解的,有关于企业社会责任承诺履行的理论研究和实践经验,发达国家都具有先行的意识和经验优势，尤其是最先关注并重视企业对除经济利润以外的社会责任的履行。可以说，对于环境、社区和慈善等方面的关注已经成为企业在发达国家市场生存发展的基本要素，而非提升形象带来加分效果的因素。诚然，企业的市场创新和技术创新程度将决定企业形象的提升程度，市场创新和感知的企业社会责任不会受到消费者卷入度水平的影响，而技术创新则受制于消费者对企业产品的卷入程度。因此，当欲拓展海外发达国家市场的企业具有较高的消费者卷入度水平时，可以在进行市场创新的同时辅以技术创新，为企业产品在海外市场的形象带来最大程度的提升；当消费者卷入度的水平较低时，由于技术创新受限于消费者的卷入了解程度，同时市场创新的贡献度略优于技术创新，所以将有限的资源投入市场创新中则可能会带来更优的收益；与此同时，通过消费者感知的企业社会责任形成的产品海外形象提升并不受到消费者卷入度水平的影响，所以相对于较高水平的消费者卷入度，当消费者卷入度水平较低时，对社会责任承诺履行的同等资源投放可能会带来更大的相对收益非绝对收益。

最后，实现创新变现能力的最佳路径是增强消费者对企业能力的信念，而提升社会责任变现能力的最佳路径是提高企业—消费者的识别度。创新和社会责任想要转化为产品海外形象，还需要惊险的一跳，即商业变现，如果企业的资源投入不能有效转化为有形的或无形的资产收益，就违背了企业的性质。根据自我归类理论和社会影响理论，可以通过企业—消费者识别度、消费者忠诚度和企业能力信念三个维度考察创新和社会责任的变现能力。就创新转化为产品海外形象而言，企业—消费者识别度和消费者企业能力信念的贡献度大于消费者忠诚度的贡献程度，但是前者会受到消费者不同的卷入度水平的影响，后者则不存在变现路径的限制，也就是说，当想要拓展海外市场的企业短期内无法提升消费者的卷入度水平时，增加消费者持有的企业能力信念则成为创新能力变现的主要路径；就消费者感知的企业社会责任转化为产品海外形象而言，消费者忠诚度的贡献程度仍然小于企业—消费者识别度和消费者持有的企业能力信念两者的贡献度，然而，消费者卷入度水平对后者产生了显著的影响，而无法干扰前者的变现转化路径，因此，当企业短期内无法获取并提升消费者的卷入程度时，提高企业—消费者识别度则成为社会责任能力变现的最佳路径。

综上所述，我们可以得出提升中国产品海外形象的总战略。目前的差距就是提升产品海外形象的潜力，要想形成世界一流的中国产品品牌，打造一流的中国产品海外形象，就必须真正从价格竞争转为品牌或产品形象的竞争，努力打造附加值高、竞争力强的强势产品。要想提升中国产品的海外形象，必须坚持以质取胜，精益求精，从数量导向转为质量导向，全方位展示"专、精、特、新"的良好产品海外形象；坚持技术创新和市场创新，通过二次创新和自主创新掌握核心技术，提高中国产品的含金量和不可替代性；把优秀的传统文化、现代商业文明和海外市场日益增长的企业社会责任需求有机融合，让中国产品不仅满足海外消费者对社会责任承诺的要求，同时植入中国特色的传统文化基因，让中国产品形象更具中国气质和中国韵味，在海外形成具有中国特色的企业社会责任战略。一言以蔽之，新一轮的中国产品海外形象的提升，将要在全球树立中国产品"更高质、更智能、更可持续"的整体形象。

第二节　主要管理启示

本书的研究结论揭示了欲拓展海外市场企业，包含海外发达国家市场和新兴的海外发展中国家市场，应将有限的资源投入到哪个或哪些特定因素以获取资源的最优回报和最大收益，揭示了企业应如何提升创新和社会责任的变现能力，为在不同经济发展程度的市场上形成提升产品海外形象的最优战略战术，以及提升创新和社会责任变现能力的最佳路径提供了有利线索和经验证据，也为企业管理者的国际化发展带来了新的启示，包括总结五大提升中国产品海外形象的优化路径，分析不同产业类型应采用的主导路径，以及剖析在新时代背景下政府应被赋予的功能和作用。

(一) 提升中国产品海外形象的五大优化路径

毋庸置疑，着重质量和以消费者导向为基础的产品制造是过去、现在和未来形成中国品牌效应的重要基础和战略支撑。然而，新时代的经济新常态下，提升中国产品海外形象的战略模式也应具有不同的含义和特点。研究发现，创新和责任是新形势下必须引起重视的新主体，与品质一起，是拉动中国产品"走出去"的"三驾马车"。针对创新和社会责任提升中国产品海外形象有以下五条优化路径。

第一，以高品质打造品牌效应，这是永远不变的根本大法和基本准则。产品品质的根本性提升是中国产品提升海外形象的前提。目前，国内和海外的消费者对中国产品不信任，既在于假冒伪劣行为没有得到有效遏制，也在于中国产品的生产商、管理者，甚至是一线工人对产品品质的松懈要求。产品品质不仅包括可检验的物质化品质，还包括消费者购物体验、售后服务、身份认同的归属感、时尚引领的自豪感等感受性品质。假若，在中国出现假货劣货，能够和在海外的某些国家一样，顿时成为社会舆论和媒体的重点话题，被披露于大众视野之下，严重的甚至会因此破产倒闭，如果企业不愿意承担这种不负责任带来的巨大风险，就会促使企业注重产品生产的全过程，学习认真细致的"匠人精神"，稍有瑕疵的产品就绝对无法下线。并不是所有的外国产品都是好东西，他们的产品也不是生来品质就好，如日本的质量管理就是在监督和循序渐进的过程中逐步形成产生的。产品的品质是可以通过后续的努力得到改善和提升的，中国企业应有创造品牌的坚强意志，开发出任何公司都无法仿造的独家产品，而不是仅满足于作为某个国外品牌的生产线。

第二，以客户为中心打造国际化产品海外形象，视顾客满意为第一标准。打造中国产品的海外形象需要经历四个阶段，首先是破冰阶段，使消费者可以清晰地识别出中国产品，并能够分辨与其他国家的产品的区别；其次是价值阶段，在这一阶段的中国产品有望通过海外形象产生溢价，将中国品牌打造成一种无形资产；再次是体验阶段，这是一个消费者的体验时代，中国产品海外形象的提升依靠对客户体验的关注，依靠给客户带来的价值，依靠消费者认同的品牌的魅力；最后是创造阶段，这也是一个创造消费者需求的时代，在这个时代，产品海外形象的提升已经不仅仅局限于满足消费者的需求，而是激发消费者的潜在欲望，甚至是创造新的审美，完成产品与消费者的互动。可见，无论中国产品的海外形象目前处于哪个阶段，打造和提升形象的关键都是把客户放在中心，时刻注重产品的人性化设计，将顾客满意作为第一标准贯彻到产品制造的全过程，并为实现这个目的不断进行品质和技术的革新，使企业与客户实现积极地互动，让客户参与产品的管理、研发以及企业的成长。打造中国产品海外形象追求的是通过创造新价值来变革社会和生活文化，换言之，就是为消费者提供能够产生惊喜、产生感动和启示的具有高附加值的中国产品和服务。

第三，创新是长盛不衰的秘诀，以技术创新和市场创新为基础，实现自主创新和二次创新的完美结合。海外市场巨大、多元复杂，竞争极为激烈，中国产品必须面对不同族裔、文化、宗教等背景的多元化用户。要在复杂多元的市场上立足，不能仅仅模仿成功的国家和企业，而需要将标新立异的理念奉行到底。庞大的海外发达国家和新兴市场迫使企业不断采取新技术、发明新产品，推出前人没有想到的产品，开发区别于主流消费者群体的未知的新市场，用创新的方式发展用户。通过科技创新助力中国品牌保持强势，创新求变是打造中国产品海外形象、保持中国品牌长盛不衰的秘诀。无论企业的规模是大是小，都要把不断推进技术创新和市场创新、精益求精放在最重要的位置。既要把中国的文化和价值理念体现在产品中，更要与当地的文化习俗、审美和价值观念融合，从而将创新的中国产品拓展到海外市场，这将是中国企业区别于其他国家企业、走向国际的不同点之一。例如，历经时间考验的老品牌继续受消费者青睐的秘诀是坚持自主创新，坚守自主品牌，依靠技术创新顺应潮流变化，及时调整产品结构和经营方式，大胆转型；对于缺乏首创精神，在创新上不占优势，擅长"拿来主义"的企业而言，需要专注于专利的改良和细节，实现"二次创新"，实现创造性发展。具体而言，就是完全消化、吸收并掌握一种技术，并在此基础上进行小改进和小创新，形成新的专利，获得降低专利申请门槛的专利优势，从而实现技术的反超，并占据市场的主动权。

第四，绿色的商业价值观是海外消费者信任中国产品的理由。消费者接受一国品牌，除了对产品本身品质、技术创新和市场创新水平的看重外，更表明和包含了对这个国家企业和产品持有的价值观的认同。如果消费者认为一国品牌或产品具有与其相匹配的良好的商业价值观，便找到了信任这个国家产品的理由。提升中国产品的海外形象，付出的大量工作很大程度上是在创造相信中国产品、相信中国品牌的理由。良好的商业价值观除了要履行诚信、守法、公平、负责等公认原则外，更为重要的是关注企业社会责任承诺的履行，以及对绿色发展的关注和践行。企业投入人力和物力资本在当地开展环保或慈善等公益活动，帮助当地发展经济或文化教育事业等，坚持把可持续发展作为产品制造的前提，贯彻落实 ISO26000 国际新标准，加强节能环保技术、工艺、装备的推广应用，全面推行清洁生产，构建绿色制造体系，这些都是绿色商业价值观的具体体现。

第五，品牌成长应注重知识产权保护与信用体系构建。中国已经是世界第二大经济体，是制造业大国，但并不是制造业强国，存在大而不强、多而不优的问题，同时存在着专利侵权、商标假冒、技术秘密被窃取等诸多问题。实践表明，提升中国产品的海外形象，助力中国企业"走出去"，推动中国品牌的成长离不开知识产权保护，离不开海外维权体系和信用体系的建设。解决这一根本问题不仅在于为企业创造更好的法制市场环境之类的法律政策，如相关法律条文的修改、维权时效性的提高、行政执法力度的加强、充分发挥司法和行政保护优势等，更在于打造中国产品海外形象的根源，即其核心在于信用体系。为了提高中国产品的品牌价值，不能只着眼于一批产品或短期利润。建立中国产品在海外的信用体系，首先需要让中国人相信自己的产品，让全世界的人相信中国产品，这是关键。中国产品的海外形象从来都是从长期的信用累积中生长出来的。

（二）不同产业类型提升产品海外形象的主导路径

总体而言，传统的依靠价格竞争、以量取胜的战略模式已频现弊端，传统模式中并未体现出重要性的消费者定位、技术创新、市场创新和感知的企业社会责任等成为构建新时代新常态下提升中国产品海外形象战略的主要路径。其中，创新与品质同等重要，传统的"质量至上"观念受到挑战，质量在提升产品海外形象方面已不是唯一的关键因素。感知的企业社会责任成为仅次于创新或者与创新并列的重要中介。由此，可以得出五条提升产品海外形象的主要优化路径，然而，在高速发展的中国，不同的产业类型具有不同的成长背景和发展特点，应该采取不同的海外发展战略和主导路径。

第一，转移型产业的主导路径。在中国，转移型产业包括两种类型：一是如纺织、轻工等丧失比较优势的生活生产类劳动密集型产业，这类产业随着经济的发展在我国失去比较优势已经成为不可逆转的趋势，其形成品牌效应、提升产品海外形象的重点是以客户为中心，精益求精，以品质取胜，即选择路径一和路径二作为主导路径；二是具有比较优势但产能富余的建材产业，这些产业技术相当先进，机器设备很新，近些年在我国发展很快，在我国进入新时代、经济新常态后，在亚非拉等发展中国家出现了严重短缺，因此，产能转移是双赢的选择，也是这类产业提升产品海外形象的主导路径。通过直接投资或其他方式将这些产业转移到需求大、友好的发展中国家；如果在输出的同时关注到东道国对于企业社会责任的强烈需求，能够起到事半功倍的效果。根据研究结论，在发展中国家海外市场，创新和社会责任具有同等重要的作用，因此，这类产业转移的主导路径应为路径四。

第二，弯道超车型产业的主导路径。这类新兴产业在我国的主要特征体现在研发周期短和人力资本需求高，能够迅速把概念转化为产品优势，如以腾讯、华为等为代表的信息通信产业。我国在这类产业的发展上具有许多优势，诸如巨大的国内市场、集聚的科技人才、完备的生产加工能力等，这类产业的发展离不开市场和技术的创新，因此，提升这类产业产品海外形象的战略模式和首选优化路径是创新，是对知识产权和信用体系建设的重视，同时根据拟拓展海外市场的经济发展程度，考虑对于构建绿色商业价值观的投入与产出，即在发达国家海外市场，首选路径三和路径四，辅以路径五；在新兴发展中国家海外市场，应同时将路径三、路径四、路径五作为同等重要的主导路径。

第三，追赶型产业的主导路径。从多方数据可以看出我国产业的技术和附加值水平正处于追赶阶段，相比发达国家的同类产业发展水平很低。人均GDP的差距反映了劳动生产率的差距，如2016年，我国人均GDP是8865美元，而相较于其他发达国家人均GDP水平则可以看出鲜明的差距。这类产业具有GDP基数小、产业空间大、可以模仿式发展、资源环境压力大等特点，并要求以先进技术作为技术创新和产业升级的来源。因此，追赶型产业的主导路径应该是模仿式创新或二次创新和绿色发展，即路径三和路径四，与弯道超车型企业相似。在拓展海外发达国家市场时，应注重路径三，辅以路径四；在拓展新兴发展中国家海外市场时，应将路径四提升到与路径三同等重要的主导位置。

第四，领先型产业的主导路径。作为世界第二大经济体的中国，有些产业的产品和技术已经接近国际的最高水平，或已处于国际领先地位（如白色家电、高铁、造船等领先型产业），这些产业只有依靠自主研发、依靠创新产品和创新技术，充分挖掘海外消费者的潜在需求，开拓主流消费者群体以外的潜在市场，才能继续保持国际领先地位，即路径二的以客户为中心，路径三的市场创新和自主创新，以及路径五的知识产权保护与信用体系建设成为这类产业海外发展战略的主导路径。

第五，战略型产业的主导路径。总有一类产业即使不具备比较优势，即使需要投入大量的人力物力资本且研发周期长，即使需要依靠国家和政府的强势补贴才能发展起来，但因为其在国家战略、国家安全和长远发展中的重要地位，也要坚持发展的产业，就是战略型产业，如航空航天、飞机、超级计算机等涉及军事民事机密的装备产业。这类产业是我国国家形象建设和国家安全的关键领域，对产品品质的要求，知识产权的保护和绿色发展方向的关注成为不可忽视的关节点，需要全面的提升形象路径即需要以路径一和路径五为主，辅以路径四。

（三）新时代下政府在提升产品海外形象方面的功能与作用

产品的形象、品牌的资产，甚至于国家的形象都是无形之手引导下的产物，有形之手可以制造出大企业，但不可能塑造出具有国际影响力的品牌企业。所以，对于刚刚步入新时代、经济新常态的中国，政府应少干涉多服务，让国际海外市场充分发挥看不见的手的调节作用，放宽政府管理，不设定太多限制，由企业依据海外市场和消费者的需求生产产品和提供服务。例如，争取使政府主导的科技研发在数量上仅占科技创新内容的20%，剩余的80%由企业完成。总体上，政府只需要做好"平台搭建"和"后勤保障"两件事：一是"平台搭建"，即提供公平的创新竞争环境，通过机构设置等各种方式手段防止科研领域的腐败与垄断现象，主导中国产品形成全新的产品海外形象，以及中国企业"走出去"的国际化大方向；二是"后勤保障"，也就是通过补贴、贷款、减免税费等各种惠民政策，支持企业的自主研发和创新的落实，保障企业履行社会责任承诺的商业运营环境和条件，同时替企业承担一部分研发和履责风险。

第三节　研究局限与未来研究方向

就目前来看，对创新、社会责任和产品海外形象关系的研究还相当有限，很多工作还需要进一步展开。本书存在一些明显的局限性，对这些局限性的分析可以更好地改进现有研究，同时指明未来的研究方向。

首先，本书考察了创新和社会责任转化为品牌和产品形象的变现能力，但仍存在两者转化为其他内容（如经济绩效）的变现能力，这些方面可能是后续进一步研究的方向。

其次，针对68个国家的海外消费者进行问卷调查，已经是一个较为庞大的工作量，同时也是一份较为难得的数据样本。但也正是受限于这批海外的调查问卷数据，本书没有考虑创新和社会责任对产品国内形象提升的作用，也只选择了作为内在驱动力量的创新和受非传统绿色生态外在严苛要求的社会责任两个角度考察对产品海外形象的影响。在未来的研究中，可以进一步考察两者转化为产品国内形象和总产品形象的影响和变现能力，以及内外部战略因素中其他的重要因子对产品海外形象提升的影响作用。

再次，同样受限于这样大规模的海外问卷调查，以及使用 Nagashima（1977）界定的产品海外形象概念，本书将此次调研的中国产品限定为轻工业（以生产生活资料为主的加工工业）产品和第三产业服务产品，这遵循了前人研究学者以大产品类别/产业类别概念作为研究对象的研究范式；但同时，我们认同以具体的、指定的特定产品类别（如电视或汽车产品）或以中国产品这一整体的、一般的产品形象（抽象的中国产品形象）作为研究对象或研究范围，这也许是未来进行深入研究的一个方向。

最后，创新、社会责任和产品海外形象都是循序渐进的过程，既可以是但又不局限于一个时点概念，所以，如果不受时间、研究条件和内容篇幅的限制，可以基于目前的研究将动态的演化及影响考虑进来，这会是一个有趣的研究角度和未来方向。

附录　调查问卷的变量与测量

附表　　　　　　　本书问卷使用的量表与测量题项

潜变量	题项	备注
市场导向	1. 您觉得中国产品能够对竞争者的行为进行迅速的反应	采用 Narver & Slater (1990) 编制的市场导向量表（JM）
	2. 您觉得中国产品的提供者很了解竞争对手的产品信息	
	3. 您觉得中国产品正在全心全意地创造消费者价值	
	4. 您觉得中国产品各个部门的信息和资源是共享的	
技术创新	1. 您觉得中国产品具有能够替代另一种较差产品的创新性	采用 Zhou, Yim & Tse (2005) 形成的 Tech-based innovation 量表（JM）
	2. 您觉得中国产品的技术创新是革命性的、有重大突破的、全新的	
	3. 总体来讲，中国产品和主要竞争对手的产品是相似的（反向题）	
	4. 您觉得中国产品的应用与竞争对手的产品是完全不同的	
市场创新	1. 您觉得中国产品的概念对于主流消费者而言是不难评价和理解的	采用 Gatignon & Xuereb (1997) 形成的 Market-based innovation 量表（JMR）
	2. 您觉得中国产品对于主流消费者而言并没有很高的转换成本	
	3. 您觉得对于主流消费者群体而言，中国产品的使用不需要太多的学习努力	
	4. 您觉得主流消费者群体较短时间内就可以了解中国产品的全部性能	

续表

潜变量	题项	备注
感知的企业社会责任	1. 您觉得中国企业能够将一部分利润用来帮助非营利组织	采用 Lichtenstein 等（2004）编制的消费者感知的企业社会责任量表（JM）
	2. 您觉得中国企业能够为社区创造就业机会	
	3. 您觉得中国企业能够投资社区教育、卫生和基础设施的建设	
	4. 您觉得中国企业能够将慈善作为其商业活动的一部分	
绿色信任	1. 您觉得中国企业的环境主张是值得信任的	采用 Chen（2010）编制的绿色信任量表（JBE）
	2. 您觉得中国企业对环境的关心和您的期望是一致的	
	3. 您觉得中国企业一直履行着对环境保护的承诺	
感知品质	1. 您觉得中国产品是可信的	采用 Dodds（1991）形成的感知品质量表（JMR）
	2. 您购买的中国产品的工艺是非常好的	
	3. 您觉得中国产品是耐用的	
	4. 您觉得中国产品具有较好的质量	
消费者定位	1. 您觉得中国产品经常更新，是注重创造消费者价值的	采用 Narver & Slater（1990）编制的消费者定位量表（JM）
	2. 您对中国产品进行退换、保修等售后服务方面的满意程度	
	3. 您觉得中国产品能够充分理解您的需求	
	4. 您觉得中国产品是以提高消费者满意度为最高宗旨的	
	5. 您觉得中国产品非常注重对消费者的承诺	
机会识别（市场关系）	1. 您觉得中国企业具有很好的营销和交流能力（进入新市场）	采用 Philips, Alexander & Lee（2017）设计的市场关系量表（JBE）
	2. 您觉得中国企业与做生意有较少关系的公众机构、智囊团和政府机关的关系是很好的（新的利益相关者）	
	3. 您觉得中国企业与当地社区接触从而获得支持的程度是（进入新社区）	
	4. 您觉得中国企业愿意与志趣相投的组织进行合作追求新的机会（风险共担）	

续表

潜变量	题项	备注
能力形成（市场关系）	1. 中国企业认为通过组织和群体网络等，与具有新知识能力的企业建立关联是非常重要的（知识形成） 2. 您觉得中国企业会免费为其他公司提供咨询等服务（提供专门技术） 3. 您觉得如果中国企业寻求支持，他们会找寻专业的中间机构，以帮助他们发展新的技能（形成新技能）	采用 Philips, Alexander & Lee（2017）设计的市场关系量表（JBE）
企业—消费者识别度（变现能力）	1. 我能够很强烈地识别出中国产品 2. 我作为中国产品的消费者感觉是很舒服的 3. 我喜欢告诉别人我是中国产品的消费者 4. 中国产品与我有很好的匹配度 5. 我对中国产品会有产品依恋的感觉	采用 Homburg 等（2009）编制的消费者 C-C I-dentification 量表（JM）
消费者忠诚度（变现能力）	1. 您会向其他人说中国产品的优点 2. 当有人向您征求意见的时候，您会向他推荐中国产品 3. 您会鼓励朋友和亲戚购买中国产品 4. 在接下来的几年中，您仍然会选择购买中国产品	采用 Zeithaml & parasuraman（1996）编制的消费者忠诚度量表（JM）
企业能力信念（变现能力）	1. 您使用中国产品时，觉得中国产品是高质量的 2. 您使用中国产品时，觉得中国产品是顺手的、舒适的 3. 您使用中国产品时，觉得中国产品是可靠的 4. 您觉得购买中国产品的性价比很高	采用 Du, Bhattacharya & Sen（2007）编制的 CA Beliefs 量表
消费者卷入度	1. 您觉得在您的生活中购买和使用中国产品是重要的 2. 您觉得中国产品与您的生活是息息相关的 3. 您觉得在您的生活中购买中国产品是一件有趣、让您兴奋的事情 4. 您觉得购买中国产品对您的生活是有意义的、有价值的 5. 您觉得您会花时间去挑选和购买中国产品	采用 Zaichkowsky（1985）设计的 Involvement 量表（JCR）

续表

潜变量	题项	备注
产品海外形象价格和价值	1. 您觉得中国产品是，不昂贵/合理的定价	采用 Nagashima（1977）认为的产品形象由五个类别组成的产品形象量表（JM）
	2. 您觉得中国产品是，可信赖的/不可信赖的	
	3. 奢侈品/必需品	
	4. 有针对性的/大众的	
	5. 重工业品/轻工业品	
服务和管理	6. 细致和一丝不苟的工艺流程	
	7. 技术的先进性	
	8. 批量生产/手工制造	
	9. 全球分布	
	10. 发明/模仿	
广告和声誉	11. 持有的自豪感	
	12. 过多的广告	
	13. 可识别的品牌名称	
设计和风格	14. 尺寸与型号的选择范围	
	15. 关心外观设计/关心性能	
	16. 巧妙地运用色彩	
消费者资料	17. 年轻人居多/老年人居多	
	18. 男性居多/女性居多	
	19. 上层阶级/下层阶级	

参考文献

一 中文参考文献

崔新健、吉生保:《中国行业利用外商研发投资的业绩与潜力——对36个工业行业统计数据的比较研究》,《财贸经济》2008年第7期。

冯之浚、刘燕华、方新、穆荣平、张伟:《创新是发展的根本动力》,《科研管理》2015年第11期。

傅家骥:《技术创新学》,清华大学出版社2001年版。

傅晓霞、吴利学:《技术差距、创新路径与经济赶超——基于后发国家的内生技术进步模型》,《经济研究》2013年第6期。

胡钰:《中国企业海外形象建设:目标与途径》,《中国软科学》2015年第8期。

黄伟、陈钊:《外资进入、供应链压力与中国企业社会责任》,《管理世界》2015年第2期。

颉茂华、王瑾、刘冬梅:《环境规制、技术创新与企业经营绩效》,《南开管理评论》2014年第6期。

孔婷、孙林岩、冯泰文:《营销—制造整合对新产品开发绩效的影响研究》,《科研管理》2015年第9期。

寇宗来、张剑、周敏:《专利保护宽度、非侵权模仿与垄断竞争》,《世界经济》2007年第1期。

李国平、韦晓茜:《企业社会责任内涵、度量与经济后果——基于国外企业社会责任理论的研究综述》,《会计研究》2014 年第 8 期。

李健英、慕羊:《基于 DEA 方法的我国上市企业创新绩效研究》,《科学学与科学技术管理》2015 年第 2 期。

李坤望、蒋为、宋立刚:《中国出口产品品质变动之谜:基于市场进入的微观解释》,《中国社会科学》2014 年第 3 期。

李梅、余天骄:《研发国际化是否促进了企业创新——基于中国信息技术企业的经验研究》,《管理世界》2016 年第 11 期。

李伟阳、肖红军:《企业社会责任的逻辑》,《中国工业经济》2011 年第 10 期。

李雪灵、姚一玮、王利军:《新企业创业导向与创新绩效关系研究:积极型市场导向的中介作用》,《中国工业经济》2010 年第 6 期。

林汉川、张思雪:《创新、社会责任与产品海外形象——来自世界新兴市场的经验证据》,《科研管理》2018 年第 12 期。

林汉川、张思雪:《国家形象与中国产品走出去的资产积累》,《吉林大学社会科学学报》2016 年第 4 期。

林毅夫、张鹏飞:《后发优势、技术引进和落后国家的经济增长》,《经济学》(季刊) 2005 年第 1 期。

刘计含、王建琼:《中国传统文化视角下的企业社会责任行为研究》,《管理世界》2017 年第 3 期。

刘小鲁:《知识产权保护、自主研发比重与后发国家的技术进步》,《管理世界》2011 年第 10 期。

鲁桐、党印:《公司治理与技术创新:分行业比较》,《经济研究》2014 年第 6 期。

罗长海:《关于形象五层含义的哲学思考》,《社会科学辑刊》2002 年第 3 期。

吕一博、韩少杰、苏敬勤:《翻越由技术引进到自主创新的樊篱——基于中车集团大机车的案例研究》,《中国工业经济》2017 年第 8 期。

马述忠、吴国杰、任婉婉:《海外在华研发投资促进了我国技术创新——基于互补性检验的实证研究》,《国际贸易问题》2014 年第 5 期。

齐丽云、李腾飞、郭亚楠:《企业社会责任对企业声誉影响的实证研究——基于战略选择的调节作用》,《科研管理》2017 年第 7 期。

《一带一路 20 国青年街采,定义中国新四大发明》,《人民日报》2017 年 5 月 9 日。

盛垒:《外资研发是否促进了我国自主创新?——一个基于中国行业面板数据的研究》,《科学学研究》2010 年第 10 期。

唐鹏程、杨树旺:《企业社会责任投资模式研究:基于价值的判断标准》,《中国工业经济》2016 年第 7 期。

唐未兵、傅元海、王展祥:《技术创新、技术引进与经济增长方式转变》,《经济研究》2014 年第 7 期。

陶长琪、齐亚伟:《中国全要素生产率的空间差异及其成因分析》,《数量经济技术经济研究》2010 年第 1 期。

万建香、汪寿阳:《社会资本与技术创新能否打破"资源诅咒"？——基于面板门槛效应的研究》,《经济研究》2016 年第 12 期。

王兵、刘光天:《节能减排与中国绿色经济增长——基于全要素生产率的视角》,《中国工业经济》2015 年第 5 期。

王凤彬、陈建勋、杨阳:《探索式与利用式技术创新及其平衡的效应分析》,《管理世界》2012 年第 3 期。

王小鲁、樊纲、刘鹏:《中国经济增长方式转换和增长可持续性》,《经济研究》2009 年第 1 期。

魏江、黄学:《高技术服务业创新能力评价指标体系研究》,《科研管理》2015 年第 12 期。

魏江、李拓宇、赵雨菡:《创新驱动发展的总体格局、现实困境与政策走向》，《中国软科学》2015 年第 5 期。

魏炜、张振广：《评估转换成本、制胜企业创新》，《哈佛商业评论》2016 年第 3 期。

吴超鹏、唐菂：《知识产权保护执法力度、技术创新与企业绩效——来自中国上市公司的证据》，《经济研究》2016 年第 11 期。

吴建祖、肖书锋：《创新注意力转移、研发投入跳跃与企业绩效——来自中国 A 股上市公司的经验证据》，《南开管理评论》2016 年第 2 期。

吴军：《"新四大发明"背后的中国浪潮》，FT 中文网，http://www.ftchinese.com/story/001074382？dailypop,2017 年 9 月 21 日。

吴延兵：《企业规模、市场力量与创新：一个文献综述》，《经济研究》2017 年第 5 期。

习近平：《决胜全面建成小康社会 夺取新时代中国特色社会主义伟大胜利——在中国共产党第十九次全国代表大会上的报告》，人民出版社 2017 年版。

夏丽娟、谢富纪、王海花：《制度邻近、技术邻近与产学协同创新绩效——基于产学联合专利数据的研究》，《科学学研究》2017 年第 5 期。

徐朝阳：《技术扩散模型中的发展中国家最优专利保护》，《经济学》（季刊）2010 年第 2 期。

许庆瑞、朱凌、王方瑞：《从研发—营销的整合到技术创新：市场创新的协同》，《科研管理》2006 年第 2 期。

阳银娟、陈劲：《开放式创新中市场导向对创新绩效的影响研究》，《科研管理》2015 年第 3 期。

姚明明、吴晓波、石涌江、戎珂、雷李楠：《技术追赶视角下商业模式设计与技术创新战略的匹配——一个多案例研究》，《管理世界》2014 年第 10 期。

易先忠、张亚斌、刘智勇：《自主创新、国外模仿与后发国知识产权保护》，《世界经济》2007 年第 3 期。

易信、刘凤良：《金融发展、技术创新与产业结构转型——多部门内生增长理论分析框架》，《管理世界》2015年第10期。

余泳泽：《中国区域创新活动的"协同效应"与"挤占效应"——基于创新价值链视角的研究》，《中国工业经济》2015年第10期。

张赤东：《中国企业技术创新主体地位监测分析（2000—2012年）》，《科研管理》2015年第11期。

张婧、段艳玲：《市场导向均衡对制造型企业产品创新绩效影响的实证研究》，《管理世界》2010年第12期。

张可、高庆昆：《基于突破性技术创新的企业核心竞争力构建研究》，《管理世界》2013年第6期。

张思雪、林汉川：《技术创新和社会责任标签化时代下的变现能力研究》，《南开管理评论》2018年第1期。

张思雪、林汉川：《新常态下创新与社会责任对中国产品海外形象的影响研究——基于全球108个国家海外消费者的问卷调查》，《中国软科学》2017年第2期。

张炜：《基于技术创新审计的创新型企业评价标准构建》，《科学学研究》2007年第2期。

张欣炜、林娟：《中国技术市场发展的空间格局及影响因素分析》，《科学学研究》2015年第10期。

张永胜、刘新梅、王海珍：《研发/市场职能整合与产品创新绩效关系研究》，《科学学研究》2009年第2期。

朱丹、陈国庆：《基于管理控制系统的高新技术企业研发预算管理及其创新绩效》，《管理世界》2013年第3期。

祝影、史晓佩：《中国工业外资研发与自主创新的耦合协调发展研究》，《管理学报》2016年第1期。

二 英文参考文献

Aaker, D. A. , *Managing Brand Equity*: *Capitalizing on the Value of a Brand Name*, New York: The Free Press, 1991.

Aaker, D. A. , "Measuring Brand Equity Across Products and Markets", *California Management Review*, Vol. 38, No. 3, 1996.

Achcaoucaou, F. , P. Miravitlles, and F. León-Darder, "Knowledge Sharing and Subsidiary R&D Mandate Development: A Matter of Dual Embeddedness", *International Business Review*, Vol. 8, No. 5, 2014.

Akcomak, I. S. , and B. Weel, "Social Capital, Innovation and Growth: Evidence from Europe", *European Economic Review*, No. 42, 2009.

Allred, A. , G. Chakraborty, and S. J. Miller, "Measuring Images of Developing Countries: A Scale Development Study", *Journal of Euromarketing*, Vol. 8, No. 3, 2000.

Altuntas, C. , and D. Turker, "Local or Global: Analyzing the Internationalization of Social Responsibility of Corporate Foundations", *International Marketing Review*, Vol. 32, No. 5, 2015.

Ambler, T. , *Marketing and the Bottom Line*: *Creating the Measures of Success*, London: London Press, 2003.

Amit, R. , and C. Zott, "Creating Value Through Business Model Innovation", *Mit Sloan Management Review*, Vol. 53, No. 3, 2012.

Andersson, U. , A. N. Das I, R. Mudambi, and T. Pedersen, "Technology, Innovation and Knowledge: The Importance of Ideas and International Connectivity", *Journal of World Business*, Vol. 51, No. 1, 2016.

Arvanitis, S. , and H. Hollenstein, "How Do Different Drivers of R&D Investment in Foreign Locations Affect Domestic Firm Performance? An Analysis Based on Swiss Panel Micro Data", *Industrial and Corporate Change*, Vol. 20, No. 2, 2011.

Askegaard, S. , and G. Ger, "Product-country Images: Towards a

Contextualized Approach", *European Advances in Consumer Research*, Vol. 3, No. 1, 1998.

Attig, N., N. Boubakri, S. El Ghoul, and O. Guedhami, "International Diversification and Corporate Social Responsibility", *Working Paper* No. 7 – 11, 2013.

Baker, W., and J. M. Sinkula, "The Synergistic Effect of Market Orientation and Learning Orientation on Organizational Performance", *Journal of the Academy of Marketing Science*, Vol. 27, No. 4, 1999.

Balabanis, G., R. Mueller, and T. C. Melewar, "The Human Values' Lenses of Country of Origin Images", *International Marketing Review*, Vol. 19, No. 6, 2002.

Balmer, J. M., R. Abratt, and T. Nsenki Mofokeng, "Development and Management of Corporate Image in South Africa", *European Journal of Marketing*, Vol. 35, No. 3/4, 2001.

Bannister, J. P., and J. A. Saunders, "UK Consumers' Attitudes Towards Imports: The Measurement of National Stereotype Image", *European Journal of Marketing*, Vol. 12, No. 8, 1978.

Barney, J. B., and P. M. Wright, "On Becoming a Strategic Partner: The Role of Human Resources in Gaining Competitive Advantage", *Human Resource Management*, Vol. 37, No. 1, 1997.

Belderbos, R., B. Lokshin, and B. Sadowski, "The Re-turns to Foreign R&D", *Journal of International Business Studies*, Vol. 46, No. 4, 2015.

Belloc, F., "Corporate Governance and Innovation: A Survey", *Journal of Economic Surveys*, Vol. 26, No. 5, 2012.

Benner, M. J., and M. L, "Tushman Exploitation, Exploration, and Process Management: The Productivity Dilemma Revisited", *The Academy of Management Review*, Vol. 28, No. 2, 2003.

Bhattacharya, C. B., D. Korschun, and S. Sen, "Strengthening Stakeholder—Company Relationships Through Mutually Beneficial Corporate Social Responsibility Initiatives", *Journal of Business Ethics*, Vol. 85, No. 2, 2009.

Bhattarcharya, C. B., and S. Sen, "Consumer-Company Identification: A Framework for Understanding Consumers' Relationships with Companies", *Journal of Marketing*, Vol. 67, No. 2, 2003.

Biel, A. L., *Brand Equity and Advertising: Advertising's Role in Building Strong Brands, Converting Image into Equity*, London: Lawrence Erlbaum Associates, 1993.

Bilkey, W. J., and E. Nes, "Country-of-Origin Effects on Product Evaluations", *Journal of International Business Studies*, Vol. 13, No. 1, 1982.

Bock, A. J., T. Opsahl, G. George, and D. M. Gann, "The Effects of Culture and Structure on Strategic Flexibility During Business Model Innovation", *Journal of Management Studies*, Vol. 49, No. 2, 2012.

Bollen, K. A., *Structural Equations with Latent Variables*, New Jersey: Wiley-Interscience, 1989.

Bollen, K. A., "Total, Direct, and Indirect Effects in Structural Equation Models", *Sociological Methodology*, Vol. 17, No. 1, 1987.

Brat, I., "The Extra Step", *Wall Street Journal*, March 24, 2008.

Bridoux, F., and J. W. Stoelhorst, "Stakeholder Relationships and Social Welfare: A Behavioral Theory of Contributions to Joint Value Creation", *Academy of Management Review*, Vol. 41, No. 2, 2016.

Brislin, R. W., *Research Instruments*, United States: Sage Publications Inc, 1986.

Brown, T. J., and P. A. Dacin, "The Company and the Product: Corporate Associations and Consumer Product Responses", *Journal of Marketing*, Vol. 61, No. 1, 1997.

Buil, I., E. Martínez, and L. de Chernatony, "The Influence of Brand Equity on Consumer Responses", *Journal of Consumer Marketing*,

Vol. 30, No. 1, 2013.

Campbell, J. T., L. Eden, and S. R. Miller, "Multinationals and Corporate Social Responsibility in Host Countries: Does Distance Matter?", *Journal of International Business Studies*, Vol. 43, No. 1, 2012.

Cantwell, J. A., and L. Piscitello, "Accumulating Technological Competence—Its Changing Impact on Corporate Diversification and Internationalization", *Industrialand Corporate Change*, Vol. 9, No. 1, 2000.

Chandy, R. K., and G. J. Tellis, "Organizing for Radical Product Innovation: The Overlooked Role of Willingness to Cannibalize", *Journal of Marketing Research*, Vol. 35, No. 4, 1998.

Chen, C. J., Y. F. Huang, and B. W. Lin, "How firms Innovate Through R&D Internationalization? An S-curve Hypothesis", *Research Policy*, Vol. 41, No. 9, 2012.

Chen, C., and W. Tseng, "Exploring Customer-based Airline Brand Equity: Evidence from Taiwan", *Transportation Journal*, Vol. 90, No. 1, 2010.

Chesbrough, H., "Business Model Innovation: Opportunities and Barriers", *Long Range Planning*, Vol. 43, No. 2-3, 2010.

Christodoulides, G., and L. De Chernatony, "Consumer-based Brand Equity Conceptualization and Measurement: A Literature Review", *International Journal of Market Research*, Vol. 52, No. 1, 2010.

Dahan, N. M., J. P. Doh, J. Oetzel, and M. Yaziji, "Corporate-NGO Collaboration: Co-creating New Business Models for Developing Markets", *Long Range Planning*, Vol. 43, No. 2-3, 2010.

Davis, I., "The Biggest Contract", *The Economist*, No. 26, 2005.

Day, G. S., and C. Moorman, *Strategy from the Outside in: Profiting from Customer Value*, New York: McGraw Hill, 2010.

Day, G. S., and R. Wensley, "Assessing Advantage: A Framework for Diagnosing Competitive Superiority", *Journal of Marketing*, Vol. 52,

No. 2, 1988.

Desborde, R. D., *Development and Testing of a Psychometric Scale to Measure Country-Of-Origin Image*, Tallahassee: Florida State University, 1990.

Pike, S., C. Bianchi, G. Kerr, and C. Patti, "Consumer-based Brand Equity for Australia as a Long-haul Tourism Destination in an Emerging Market", *International Marketing Review*, Vol. 27, No. 4, 2010.

Dodds, W. B., K. B. Monroe, and D. Grewal, "Effects of Price, Brand, and Store Information on Buyers' Product Evaluations", *Journal of Marketing Research*, Vol. 28, No. 3, 1991.

Donaldson, T., and T. W. Dunfee, "When Ethics Travel: The Promise and Peril of Global Business Ethics", *California Management Review*, Vol. 41, No. 4, 1999.

Dowling, G., *Creating Corporate Reputations: Identity, Image and Performance*, Oxford: OUP, 2000.

Du, S., C. B. Bhattacharya, and S. Sen, "Reaping Relational Rewards from Corporate Social Responsibility: The Role of Competitive Positioning", *International Journal of Research in Marketing*, Vol. 24, No. 3, 2007.

Douglas, S. P., and C. S. Craig, "Evolution of Global Marketing Strategy: Scale, Scope, and Synergy", *Readings in International Business: A Decision Approach*, Cambridge, MA: MIT Press, 1993.

Douglas, S. P., and C. S. Craig, "The Role of Context in Assessing International Marketing Opportunities", *International Marketing Review*, Vol. 24, No. 3, 2011.

Edwards, J. R., and L. S. Lambert, "Methods for Integrating Moderation and Mediation: A General Analytical Framework Using Moderated Path Analysis", *Psychological Methods*, Vol. 12, No. 1, 2007.

Egri, C. P., and D. A. Ralston, "Corporate Responsibility: A Review of International Management Research from 1998 to 2007", *Journal of International Management*, Vol. 14, No. 4, 2008.

Fagerberg, J. , D. C. Mowery, and R. R. Nelson, *The Oxford Handbook of Innovation*, Oxford: Oxford University Press, 2005.

Fallon, P. , and F. Senn, *Juicing the Orange: How to Turn Creativity into a Powerful Business Advantage*, New York: Harvard Business Press, 2006.

Filatotchev, I. , and J. Piesse, "R&D, Internationalization and Growth of Newly Listed Firms: European Evidence", *Journal of International Business Studies*, Vol. 40, No. 8, 2009.

Fornell, C. , and D. F. Larcker, "Evaluating Structural Equation Models with Unobservable Variables and Measurement Error", *Journal of Marketing Research*, Vol. 18, No. 1, 1981.

Foss, N. J. , and T. Saebi, "Fifteen Years of Research on Business Model Innovation", *Journal of Management*, Vol. 43, No. 1, 2017.

Freeman, C. , *The Economics of Industrial Innovation*, Boston: MIT press, 1997.

Gatignon, H. , and J. Xuereb, "Strategic Orientation of the Firm and New Product Performance", *Journal of Marketing Research*, Vol. 34, No. 1, 1997.

Gerschenkron, A. , *Economic Backwardness in Historical Perspective*, Cambridge: The Belknap Press of Harvard University Press, 1962.

Gertner, D. , and P. Kotler, "Country as Brand, Product, and Beyond: A Place Marketing and Brand Management Perspective", *Journal of Brand Management*, Vol. 9, No. 4 – 5, 2002.

Gertner, D. , and P. Kotler, "How Can a Place Correct a Negative Image?", *Place Branding*, Vol. 1, No. 1, 2004.

Gerzema, J. , and M. D'Antonio, *Spend Shift: How the Post-crisis Values Revolution is Changing the Way We Buy, Sell, and Live*, John Wiley & Sons, 2010.

Golembiewski, R. T. , *Men, Management, and Morality: Toward a New Organizational Ethic*, Transaction Publishers, 1989.

Gray, E. R. , and J. M. Balmer, "Managing Corporate Image and Corporate Reputation", *Long Range Planning*, Vol. 31, No. 5, 1998.

Greenwald, A. G. , and C. Leavitt, "Audience Involvement in Advertising: Four Levels", *Journal of Consumer Research*, Vol. 11, No. 1, 1984.

Greenwood, R. , and R. Suddaby, "Institutional Entrepreneurship and the Dynamics of Field Transformation", *Academy of Management Journal*, Vol. 49, No. 1, 2006.

Grow, B. , S. Hamm, and L. Lee, "The Debate Over Doing Good", *Business Week*, No. 3947, 2005.

Gruber, V. , and B. B. Schlegelmilch, "MNEs' Regional Headquarters and Their CSR Agenda in the African Context", *International Marketing Review*, Vol. 32, No. 5, 2015.

Ger, G. , "Country Image: Perceptions, Attitudes and Associations, and Their Relationship to Context", 3th International Conference on Marketing and Development, New Delhi, India, April 390 - 398, 1991.

Hamel, G. , *Leading the Revolution*, Boston: Harvard Business School Press, 2000.

Han, C. M. , and V. Terpstra, "Country-of-Origin Effects for Uni-National and Bi-National Products", *Journal of International Business Studies*, Vol. 19, No. 2, 1988.

Han, C. M. , "Country Image: Halo or Summary Construct?", *Journal of Marketing Research*, Vol. 31, No. 26, 1989.

Hang, C. C. , J. Chen, and D. Yu, "An Assessment Framework for Disruptive Innovation", *Foresight*, Vol. 13, No. 5, 2011.

Hayek, F. A. , *The Constitution of Liberty*, Chicago: University of Chicago press, 1960.

Hayek, F. A., "The Use of Knowledge in Society", *The American Economic Review*, Vol. 35, No. 4, 1945.

Heath, T. B., S. Chatterjee, S. Basuroy, T. Hennig-Thurau, and B. Kocher, "Innovation Sequences over Iterated Offerings: A Relative Innovation, Comfort, and Stimulation Framework of Consumer Responses", *Journal of Marketing*, Vol. 79, No. 6, 2015.

Hemingway, C. A., and P. W. Maclagan, "Managers' Personal Values as Drivers of Corporate Social Responsibility", *Journal of Business Ethics*, Vol. 50, No. 1, 2004.

Heslop, L. A., N. Papadopoulos, M. Dowdles, M. Wall, and D. Compeau, "Who Controls the Purse Strings: A Study of Consumers' and Retail Buyers' Reactions in an America' FTA Environment", *Journal of Business Research*, Vol. 57, No. 10, 2004.

Hildreth, J. A. D., F. Gino, and M. Bazerman, "Blind Loyalty? When Group Loyalty Makes Us See Evil or Engage in It", *Organizational Behavior & Human Decision Processes*, Vol. 132, 2016.

Hillier, D., J. Pindado, V. D. Queiroz, and C. D. L. Torre, "The Impact of Country-level Corporate Governance on Research and Development", *Journal of International Business Studies*, Vol. 42, No. 1, 2011.

Hoggy, M. A., and D. J. Terry, "Social Identity and Self-categorization Processes in Organizational Contexts", *Academy of Management Review*, Vol. 25, No. 1, 2000.

Homburg, C., J. Wieseke, and W. D. Hoyer, "Social Identity and the Service-profit Chain", *Journal of Marketing*, Vol. 73, No. 2, 2009.

Homburg, C., M. Stierl, and T. Bornemann, "Corporate Social Responsibility in Business-to-Business Markets: How Organizational Customers Account for Supplier Corporate Social Responsibility Engagement", *Journal of Marketing*, Vol. 77, No. 6, 2013.

Hooley, G. J., D. Shipley, and N. Krieger, "A Method for Modelling Consumer Perceptions of Country of Origin", *International Marketing Review*, Vol. 5, No. 3, 1988.

Hsieh, M., S. Pan, and R. Setiono, "Product-, Corporate-, and Country-image Dimensions and Purchase Behavior: A Multicountry Analysis", *Journal of the Academy of Marketing Science*, Vol. 32, No. 3, 2004.

Hsu, C. W., Y. C. Lien, and H. Chen, "R&D Internationalization and Innovation Performance", *International Business Review*, Vol. 24, No. 2, 2015.

Husted, B. W., and D. B. Allen, "Corporate Social Responsibility in the Multinational Enterprise: Strategic and Institutional Approaches", *Journal of International Business Studies*, Vol. 37, No. 6, 2006.

Ittersum, V. K., M. J. J. M. Candel, and M. T. G. Meulenberg, "The Influence of the Image of a Product' Region of Origin on Product Evaluation", *Journal of Business Research*, Vol. 56, No. 3, 2003.

Iwasa, T., and H. Odagiri, "Overseas R&D, Knowledge Sourcing, and Patenting: An Empirical Study of Japanese R&D Investment in the US", *Research Policy*, Vol. 33, No. 5, 2004.

Jaffe, E. D., and I. D. Nebenzahl, *National Image & Competitive Advantage: The Theory and Practice of Place Branding*, Copenhagen Business School Press, 2006.

Jamali, D., and R. Mirshak, "Corporate Social Responsibility (CSR): Theory and Practice in a Developing Country Context", *Journal of Business Ethics*, Vol. 72, No. 3, 2007.

Kafouros, M. I., P. J. Buckley, J. A. Sharp, and C. Q. Wang, "The Role of Internationalization in Explaining Innovation Performance", *Technovation*, Vol. 28, No. 1, 2008.

Kalafatis, S. P., M. Pollard, R. East, and M. H. Tsogas, "Green Marketing and Ajzen' Theory of Planned Behaviour: A Cross-market Examination", *Journal of Consumer Marketing*, Vol. 16, No. 5, 1999.

Kamien, M. I., and N. L. Schwartz, *Market Structure and Innovation*, Cambridge: Cambridge University Press, 1982.

Kang, C., F. Germann, and R. Grewal, "Washing Away Your Sins? Corporate Social Responsibility, Corporate Social Irresponsibility, and Firm Performance", *Journal of Marketing*, Vol. 8, No. 12, 2016.

Karimi, J., and Z. Walter, "Corporate Entrepreneurship, Disruptive Business Model Innovation Adoption, and Its Performance: The Case of the Newspaper Industry", *Long Range Planning*, Vol. 49, No. 3, 2016.

Katsikeas, C. S., S. Samiee, and M. Theodosiou, "Strategy Fit and Performance Consequences of International Marketing Standardization", *Strategic Management Journal*, Vol. 27, No. 9, 2006.

Keller, K. L., "Conceptualizing, Measuring, and Managing Customer-based Brand Equity", *Journal of Marketing*, Vol. 57, No. 1, 1993.

Keller, K. L., *Strategic Brand Management: Building, Measuring, and Managing Brand Equity*, Upper Saddle Rive, NJ: Prentice Hall, 2012.

Khan, M. A., and Z. Mahmood, "Impact of Brand Loyalty Factors on Brand Equity", *International Journal of Academic Research*, Vol. 4, No. 1, 2012.

Khan, Z., Y. K. Lew, and V. Byung Il Park, "Institutional Legitimacy and Norms-based CSR Marketing Practices", *International Marketing Review*, Vol. 32, No. 5, 2015.

Kim, H., W. Gon Kim, and J. A. An, "The Effect of Consumer-based Brand Equity on Firms' Financial Performance", *Journal of Consumer Marketing*, Vol. 20, No. 4, 2003.

Kim, J., and Y. J. Hyun, "A Model to Investigate the Influence of Marketing-mix Efforts and Corporate Image on Brand Equity in the IT Software Sector", *Industrial Marketing Management*, Vol. 40, No. 3, 2011.

Knight, G. A., and R. J. Calantone, "A Flexible Model of Consumer Country-of-Origin Perceptions: A Cross-cultural Investigation", *Inter-

national Marketing Review, Vol. 17, No. 2, 2000.

Kolk, A., and F. C. C. O. Lenfant, "MNC Reporting on CSR and Conflict in Central Africa", *Journal of Business Ethics*, Vol. 93, No. 2, 2010.

Kolk, A., and F. C. C. O. Lenfant, "Multinationals, CSR and Partnerships in Central African Conflict Countries", *Corporate Social Responsibility and Environmental Management*, Vol. 20, No. 1, 2013.

Konecnik, M., and W. C. Gartner, "Customer-based Brand Equity for a Destination", *Annals of Tourism Research*, Vol. 34, No. 2, 2007.

Korschun, D., C. B. Bhattacharya, and S. D. Swain, "Corporate Social Responsibility, Customer Orientation, and the Job Performance of Frontline Employees", *Journal of Marketing*, Vol. 78, No. 3, 2014.

Kostova, T., and S. Zaheer, "Organizational Legitimacy Under Conditions of Complexity: The Case of the Multinational Enterprise", *Academy of Management Review*, Vol. 24, No. 1, 1999.

Kotler, P., D. H. Haider, and I. Rein, *Marketing Places: Attracting Investment, Industry and Tourism to Cities, States and Nations*, Nova Iorque, 1997.

Koza, M., and A. Lewin, "Managing Partnership and Strategic Alliances: Raising the Odds of Success", *European Management Journal*, Vol. 18, No. 2, 2000.

Kozinets, R. V., "Amazonian Forests and Trees: Multiplicity and Objectivity in Studies of Online Consumer-generated Ratings and Reviews, A Commentary on de Langhe, Fernbach, and Lichtenstein", *Journal of Consumer Research*, Vol. 42, No. 6, 2016.

Keller, K. L., and V. Swaminathan, *Strategic Brand Management: Building, Measuring, and Managing Brand Equity*, Harlow: Pearson, 2020.

Kotler, P., M. A. Hamlin, I. Rein, and D. H. Haider, *Marketing A-*

sian Places: Attracting Investment, Industry and Tourism to Cities, States and Nations, John Wiley & Sons, 2001.

Lahiri, N., "Gographic Distribution of R&D Activity: How Does It Affect Innovation Quality?", *Academy of Management Journal*, Vol. 53, No. 5, 2010.

Larivi E Re, B., T. L. Keiningham, L. Aksoy, A. Yal C C In, F. V. Morgeson Iii, and S. Mithas, "Modeling Heterogeneity in the Satisfaction, Loyalty Intention, and Shareholder Value Linkage: A Cross-industry Analysis at the Customer and Firm Levels", *Journal of Marketing Research*, Vol. 53, No. 1, 2016.

Laurent, G., and J. Kapferer, "Measuring Consumer Involvement Profiles", *Journal of Marketing Research*, Vol. 22, No. 1, 1985.

Laursen, K., and A. Salter, "Open for Innovation: The Role of Openness in Explaining Innovation Performance Among U. K. Manufacturing Firms", *Strategic Management Journal*, Vol. 27, No. 2, 2006.

Lazzarotti, V., R. Manzini, and L. Mari, "A Model for R&D Performance Measurement", *International Journal of Production Economics*, Vol. 134, No. 1, 2011.

Lee, J., and K. Back, "Reexamination of Attendee-based Brand Equity", *Tourism Management*, Vol. 31, No. 3, 2010.

Leone, R. P., V. R. Rao, K. L. Keller, A. M. Luo, L. Mcalister, and R. Srivastava, "Linking Brand Equity to Customer Equity", *Journal of Service Research*, Vol. 9, No. 2, 2006.

Levitt, T., "Marketing Success Through Differentiation—of Anything", *Harvard Business Review*, No. 58, 1980.

Li, Z. G., S. Fu, and L. W. Murray, "Country and Product Images: The Perceptions of Consumers in the People's Republic of China", *Journal of International Consumer Marketing*, Vol. 10, No. 1 – 2, 1998.

Lichtenstein, D. R., M. E. Drumwright, and B. M. Braig, "The

Effect of Corporate Social Responsibility on Customer Donations to Corporate-supported Nonprofits", *Journal of Marketing*, Vol. 68, No. 4, 2004.

Lööf, H., "Multinational Enterprises and Innovation: Firm Level Evidence on Spillover via R&D Collaboration", *Journal of Evolutionary Economics*, Vol. 19, No. 1, 2009.

Lopez, C., M. Gotsi, and C. Andriopoulos, "Conceptualising the Influence of Corporate Image on Country Image", *European Journal of Marketing*, Vol. 45, No. 11/12, 2011.

Luo, X., and C. B. Bhattacharya, "Corporate Social Responsibility, Customer Satisfaction, and Market Value", *Journal of Marketing*, Vol. 70, No. 4, 2006.

Luo, Y., Q. Xue, and B. Han, "How Emerging Market Governments Promote Outward FDI: Experience from China", *Journal of World Business*, Vol. 45, No. 1, 2010.

Marquis, C., and C. Qian, "Corporate Social Responsibility Reporting in China: Symbol or Substance?", *Organization Science*, Vol. 25, No. 1, 2014.

Martin, I. M., and S. Eroglu, "Measuring a Multi-dimensional Construct: Country Image", *Journal of Business Research*, Vol. 28, No. 3, 1993.

Mcwilliams, A., and D. Siegel, "Corporate Social Responsibility: A Theory of the Firm Perspective", *Academy of Management Review*, Vol. 26, No. 1, 2001.

Milton, F., "The Social Responsibility of Business is to Increase Its Profits", *New York Times Magazine*, No. 13, 1970.

Moon, B., L. W. Lee, and C. H. Oh, "The Impact of CSR on Consumer-Corporate Connection and Brand Loyalty: A Cross Cultural Investigation", *International Marketing Review*, Vol. 32, No. 5, 2015.

Mossberg, L., and I. A. Kleppe, "Country and Destination Image

Different or Similar Image Concepts?", *The Service Industries Journal*, Vol. 25, No. 4, 2005.

Mostafa, R. H., "The Impact of Country of Origin and Country of Manufacture of a Brand on Overall Brand Equity", *International Journal of Marketing Studies*, Vol. 7, No. 2, 2015.

Murphy, P. J., and S. M. Coombes, "A Model of Social Entrepreneurial Discovery", *Journal of Business Ethics*, Vol. 87, No. 3, 2009.

MacKinnon, David P., "Contrasts in Multiple Mediator Models", *Multivariate Applications in Substance Use Research: New Methods for New Questions*, Vol. 141, 2000.

Nagashima, A., "A Comparative 'Made in' Product Image Survey among Japanese Businessmen", *Journal of Marketing*, Vol. 41, No. 3, 1977.

Nagashima, A., "A Comparison of Japanese and US Attitudes Toward Foreign Products", *The Journal of Marketing*, Vol. 34, No. 1, 1970.

Narayana, C. L., "Aggregate Images of American and Japanese Products-Implications on International Marketing", *Columbia Journal of World Business*, Vol. 16, No. 2, 1981.

Narver, J. C., and S. F. Slater, "The Effect of a Market Orientation on Business Profitability", *Journal of Marketing*, Vol. 54, No. 4, 1990.

Nebenzahl, I. D., E. D. Jaffe, and J. Usunier, "Personifying Country of Origin Research", *Management International Review*, Vol. 43, No. 4, 2003.

Ng, K., Ang, S., and K. Chan, "Personality and Leader Effectiveness: A Moderated Mediation Model of Leadership Self-efficacy, Job Demands, and Job Autonomy", *Journal of Applied Psychology*, Vol. 93, No. 4, 2008.

Nidumolu, R., C. K. Prahalad, and M. R. Rangaswami, "Why Sustainability is Now the Key Driver of Innovation", *Harvard Business Review*, Vol. 87, No. 9, 2009.

Nieto, M. J., and A. Rodríguez, "Offshoring of R&D: Looking Abroad to Improve Innovation Performance", *Journal of International Business Studies*, Vol. 42, No. 3, 2011.

Orlitzky, M., D. S. Siegel, and D. A. Waldman, "Strategic Corporate Social Responsibility and Environmental Sustainability", *Business & Society*, Vol. 50, No. 1, 2011.

Papadopoulos, N., "What Product and Country Images Are and Are Not", *Product Country Images*, 1993.

Papadopoulos, N., and L. A. Heslop, "Country Equity and Product-Country Images: State-of-the-Art in Research and Implications", *Handbook of Research in International Marketing*, 2003.

Pappu, R., P. G. Quester, and R. W. Cooksey, "Consumer-based Brand Equity: Improving the Measurement-empirical Evidence", *Journal of Product & Brand Management*, Vol. 14, No. 3, 2005.

Pappu, R., P. G. Quester, and R. W. Cooksey, "Country Image and Consumer-based Brand Equity: Relationships and Implications for International Marketing", *Journal of International Business Studies*, Vol. 38, No. 5, 2007.

Park, B. I., A. Chidlow, and J. Choi, "Corporate Social Responsibility: Stakeholders Influence on MNEs' Activities", *International Business Review*, Vol. 23, No. 5, 2014.

Parmar, B. L., R. E. Freeman, J. S. Harrison, A. C. Wicks, L. Purnell, and S. de Colle, "Stakeholder Theory: The State of the Art", *Academy of Management Annals*, Vol. 4, No. 1, 2010.

Paulus, P. B., *Psychology of Group Influence*, Psychology Press, 2015.

Peng, M. W., and E. G. Pleggenkuhle-Miles, "Current Debates in Global Strategy", *International Journal of Management Reviews*, Vol. 11, No. 1, 2009.

Phillips, W., E. A. Alexander, and H. Lee, "Going It Alone Won't

Work! The Relational Imperative for Social Innovation in Social Enterprises", *Journal of Business Ethics*, 2017.

Pinar, M., P. Trapp, T. Girard, and T. E. Boyt, "University Brand Equity: An Empirical Investigation of Its Dimensions", *International Journal of Educational Management*, Vol. 28, No. 6, 2014.

Porter, M. E., and M. R. Kramer, "Strategy and Society: The Link Between Competitive Advantage and Corporate Social Responsibility", *Harvard Business Review*, Vol. 84, No. 12, 2006.

Post, J. E., L. E. Preston, and S. Sachs, "Managing the Extended Enterprise: The New Stakeholder View", *California Management Review*, Vol. 45, No. 1, 2002.

Preacher, K. J., and A. F. Hayes, "Asymptotic and Resampling Strategies for Assessing and Comparing Indirect Effects in Multiple Mediator Models", *Behavior Research Methods*, Vol. 40, No. 3, 2008.

Ramendra Singh, D., S. Murtiasih, S. Sucherly, and H. Siringoringo, "Impact of Country of Origin and Word of Mouth on Brand Equity", *Marketing Intelligence & Planning*, Vol. 32, No. 5, 2014.

Reny, P., "Characterization of Rationalizable Consumer Behavior", *Econometrica*, Vol. 83, No. 1, 2015.

Romani, S., S. Grappi, and R. P. Bagozzi, "Corporate Socially Responsible Initiatives and Their Effects on Consumption of Green Products", *Journal of Business Ethics*, Vol. 135, No. 2, 2016.

Roth, K. P., and A. Diamantopoulos, "Advancing the Country Image Construct", *Journal of Business Research*, Vol. 62, No. 7, 2009.

Roth, M. S., and J. B. Romeo, "Matching Product Category and Country Image Perceptions: A Framework for Managing Country-of-Origin Effects", *Journal of International Business Studies*, Vol. 23, No. 3, 1992.

Roth, M. S., "The Effects of Culture and Socioeconomics on the Performance of Global Brand Image Strategies", *Journal of Marketing Research, 1995.

Saebi, T., L. Lien, and N. J. Foss, "What Drives Business Model Adaptation? The Impact of Opportunities, Threats and Strategic Orientation", *Long Range Planning*, Vol. 50, No. 5, 2017.

Salge, T. O., T. Farchi, M. I. Barrett, and S. Dopson, "When Does Search Openness Really Matter? A Contingency Study of Health – Care Innovation Projects", *Journal of Product Innovation Management*, Vol. 30, No. 4, 2013.

Samli, A. C., and M. Fevrier, "Achieving and Managing Global Brand Equity: A Critical Analysis", *Journal of Global Marketing*, Vol. 21, No. 3, 2008.

Satsanguan, L., W. Fongsuwan, and J. Trimetsoontorn, "Structural Equation Modelling of Service Quality and Corporate Image that Affect Customer Satisfaction in Private Nursing Homes in the Bangkok Metropolitan Region", *Research Journal of Business Management*, Vol. 9, No. 1, 2015.

Schooler, R. D., "Product Bias in the Central American Common Market", *Journal of Marketing Research*, Vol. 2, No. 4, 1965.

Schumpeter J. A., *The Theory of Economic Development*, Boston: Harvard University press, 1934.

Schumpeter, J. A., *Capitalism, Socialism and Democracy*, New York: Harper and Row, 1942.

Schumpeter, J. A., *The Theory of Economic Development: An Inquiry into Profits, Capital, Credit, Interest, and the Business Cycle*, Piscataway, New Jersey: Transaction Publishers, 1934.

Schurr, P. H., and J. L. Ozanne, "Influences on Exchange Processes: Buyers Preconceptions of a Seller' Trustworthiness and Bargaining Toughness", *Journal of Consumer Research*, Vol. 11, No. 4, 1985.

Seele, P., and I. Lock, "Instrumental and/or Deliberative? A Typology of CSR Communication Tools", *Journal of Business Ethics*, No. 131, 2015.

Sen, S., and C. B. Bhattacharya, "Does Doing Good Always Lead to Doing Better? Consumer Reactions to Corporate Social Responsibility", *Journal of Marketing Research*, Vol. 38, No. 2, 2001.

Simon, C. J., and M. W. Sullivan, "The Measurement and Determinants of Brand Equity: A Financial Approach", *Marketing Science*, Vol. 12, No. 1, 1993.

Singh, J., "Distributed R&D, Cross-regional Knowledge Integration and Quality of Innovative Output", *Research Policy*, Vol. 37, No. 1, 2008.

Sirgy, M. J., and A. C. Samli, "A Path Analytic Model of Store Loyalty Involving Self-concept, Store Image, Geographic Loyalty, and Socioeconomic Status", *Journal of the Academy of Marketing Science*, Vol. 13, No. 3, 1985.

Slater, S. F., and J. C. Narver, "Market Orientation and the Learning Organization", *Journal of Marketing*, Vol. 59, No. 3, 1995.

Slater, S. F., and J. C. Narver, "Market-oriented is More than Being Customer-led", *Strategic Management Journal*, Vol. 20, No. 12, 1999.

Slater, S. F., and J. C. Narver, "Research Notes and Communications Customer-led and Market-oriented: Let's Not Confuse the Two", *Strategic Management Journal*, Vol. 19, No. 10, 1998.

Smith, A., *An Inquiry into the Nature and Causes of the Wealth of Nations*, London: George Routledge and Sons, 1776.

Smith, N. C., "Corporate Social Responsibility: Not Whether, but How", *California Management Review*, No. 45, 2003.

Solo, C. S., "Innovation in the Capitalist Process: A Critique of the Schumpeterian Theory", *Quarterly Journal of Economics*, Vol. 65, No. 3, 1951.

Solomon, M. R., *Consumer Behavior*, New York: Pearson, 2016.

Sorescu, A. B., and J. Spanjol, "Innovation' Effect on Firm Value and Risk: Insights from Consumer Packaged Goods", *Journal of Market-*

ing, Vol. 72, No. 2, 2008.

Spry, A., R. Pappu, and T. Bettina Cornwell, "Celebrity Endorsement, Brand Credibility and Brand Equity", *European Journal of Marketing*, Vol. 45, No. 6, 2011.

Srinivasan, V., C. S. Park, and D. R. Chang, "An Approach to the Measurement, Analysis, and Prediction of Brand Equity and Its Sources", *Management Science*, Vol. 51, No. 9, 2005.

Stipp, H., and N. P. Schiavone, "Modeling the Impact of Olympic Sponsorship on Corporate Image", *Journal of Advertising Research*, Vol. 36, No. 4, 1996.

Story, L., and D. Barboza, "Mattel Recalls 19 Million Toys Sent from China", *The New York Times*, 2007.

Strand, R., and R. E. Freeman, "Scandinavian Cooperative Advantage: The Theory and Practice of Stakeholder Engagement in Scandinavia", *Journal of Business Ethics*, Vol. 127, No. 1, 2015.

Strutton, D., S. L. True, and R. C. Rody, "Russian Consumer Perceptions of Foreign and Domestic Consumer Goods: An Analysis of Country-of-Origin Stereotypes with Implications for Promotions and Positioning", *Journal of Marketing Theory and Practice*, Vol. 3, No. 3, 1995.

Torres, A., T. H. Bijmolt, J. A. Trib O, and P. Verhoef, "Generating Global Brand Equity Through Corporate Social Responsibility to Key Stakeholders", *International Journal of Research in Marketing*, Vol. 29, No. 1, 2012.

Verlegh, P. W., *Country-of-Origin Effects on Consumer Product Evaluations*, Wageningen: Wageningen University, 2001.

Verlegh, P. W., and J. E. Steenkamp, "A Review and Meta-analysis of Country-of-Origin Research", *Journal of Economic Psychology*, Vol. 20, No. 5, 1999.

Waagstein, P. R., "The Mandatory Corporate Social Responsibility in Indonesia: Problems and Implications", *Journal of Business Ethics*, Vol. 98, No. 3, 2011.

Wagner, T., R. J. Lutz, and B. A. Weitz, "Corporate Hypocrisy: Overcoming the Threat of Inconsistent Corporate Social Responsibility Perceptions", *Journal of Marketing*, Vol. 73, No. 6, 2009.

Wang, C. L., D. Li, B. R. Barnes, and J. Ahn, "Country Image, Product Image and Consumer Purchase Intention: Evidence from an Emerging Economy", *International Business Review*, Vol. 21, No. 6, 2012.

Westley, F., N. Antadze, D. J. Riddell, K. Robinson, and S. Geobey, "Five Configurations for Scaling Up Social Innovation: Case Examples of Nonprofit Organizations from Canada", *Journal of Applied Behavioral Science*, Vol. 50, No. 3, 2014.

White, C. L., "Brands and National Image: An Exploration of Inverse Country-of-Origin Effect", *Place Branding and Public Diplomacy*, Vol. 8, No. 2, 2012.

Wiele, T. V. D., P. Kok, R. Mckenna, and A. Brown, "A Corporate Social Responsibility Audit Within a Quality Management Framework", *Journal of Business Ethics*, Vol. 31, No. 4, 2001.

Wilkie, W. L., and M. S. Elizabeth, *Handbook of Marketing*, London: Sage Publications, 2002.

Williams, J., and D. P. Mackinnon, "Resampling and Distribution of the Product Methods for Testing Indirect Effects in Complex Models", *Structural Equation Modeling*, Vol. 15, No. 1, 2008.

Wolter, J. S., and J. J. Cronin Jr, "Re-conceptualizing Cognitive and Affective Customer-company Identification: The Role of Self-motives and Different Customer-based Outcomes", *Journal of the Academy of Marketing Science*, Vol. 44, No. 3, 2016.

Yoo, B., and N. Donthu, "Developing and Validating a Multidimensional Consumer-based Brand Equity Scale", *Journal of Business Research, Vol. 52, No. 1, 2001.

Yoo, B., and N. Donthu, "Testing Cross-cultural Invariance of the Brand Equity Creation Process", *Journal of Product & Brand Management*, Vol. 11, No. 6, 2002.

Yoo, B., N. Donthu, and S. Lee, "An Examination of Selected Marketing Mix Elements and Brand Equity", *Journal of the Academy of Marketing Science*, Vol. 28, No. 2, 2000.

Yu-shan Chen, "The Drivers of Green Brand Equity: Green Brand Image, Green Satisfaction, and Green Trust", *Journal of Business Ethics*, Vol. 93, No. 2, 2010.

Zaichkowsky, J. L., "Measuring the Involvement Construct", *Journal of Consumer Research*, Vol. 12, No. 3, 1985.

Zanna, M. P., and J. K. Rempel, *Attitudes: A New Look at an Old Concept*, New York: Cambridge University Press, 1988.

Zeithaml, V. A., and A. Parasuraman, "The Behavioral Consequences of Service Quality", *Journal of Marketing*, Vol. 60, No. 2, 1996.

Zhou, K. Z., C. K. B. Yim, and D. K. Tse, "The Effects of Strategic Orientations on Technology and Market-based Break Through Innovations", *Journal of Marketing*, Vol. 69, No. 2, 2005.

Zou, S., and S. T. Cavusgil, "The GMS: A Broad Conceptualization of Global Marketing Strategy and Its Effect on Firm Performance", *Journal of Marketing*, Vol. 66, No. 4, 2002.

索　引

变现能力　8-11，14，18-21，55，58，65-67，69，72-74，126-132，134，136-138，140-144，146，147，154

产品海外形象　1-12，14-16，18-22，51-71，73，76，80-85，87-93，95-98，100-105，108，110-119，121-125，127-130，135-137，139，140，142-154

产品品质　7，25，56，72，82-85，87，92，148，153

产品形象　2，4，6-11，20，22-26，31，32，34-36，50-53，57，65，69，76，80，81，83-86，91-94，96，99，107-109，118，124，128，142，144，145，147，154

创新　2-12，14-16，18-20，37-45，51-67，69，71，73，74，76，78，79，81，83-93，95-98，100，102-108，110-130，132-154

创新驱动发展战略　2，4，5，124

调节变量　15，64，67，71，120-122，138-140

调节的中介　8，14，15，63-65，67，108

调节效应　63-65，67，71，112，120-122，131，138-141

对比效应　19，90，91，103，104，118-120，137，138

多重中介模型　8，11，12，14，20，60-63，89，90，96，108，118，141

发达国家海外市场　108，123-125，145，152

发展中国家　6，8，14，18-20，40，48，49，51，57，61，62，66，68，71，76，95，96，104-106，119，124，126，

145，147，151，152

概念模型　7，8，10，19，57－59，61，62，66

感知的企业社会责任　9，20，56，57，59－62，64，65，67，71，72，80，86，96，98，99，102－104，106，108，113，116－121，123，124，130，132，145，146，151

感知品质　59，60，71，72，74，88－91

供给侧结构性改革　2

国家形象　11，16，21－23，31－36，50－52，69，73，74，80，81，83，123，145，153

海外发达国家市场　7－9，11，14，18，57，61，62，64，65，68，76，118，123，145－147，152

海外消费者　1，3，5，6，8－10，23，39，55－58，68－70，72，76，78－81，83，84，92，93，95，96，98，104－110，112，123，127，129，131，142，147，150，152，154

机会识别　64，70，74，109－111，114－119

间接效应　12－15，20，63，65，90，91，102－104，116－118，122，123，135－140

路径分析法　14

绿色信任　56，59，60，71，72，74，82，86，88－91，93

能力形成　64，69，70，74，109，112，114，116－119

品牌　1－7，9－11，16，18，20，21，23－32，34，37，47，48，50－55，58，65，69，73，74，80－83，86，90，91，93，94，106，108，109，128，130，132，142－144，147－151，153，154

品牌形象　11，16，23，25－30，48，50－53，69，73，74，80，81

平均提取方差　87，99，101，114－116，133

企业—消费者识别度　9，57，58，67，72－74，127－131，133，135－141，143，146，147

企业能力信念　57，58，67，73，74，128，130，131，133－143，146，147

区别效度　88，89，100，101，115，133

全球范围　1

商业变现　1－12，14－16，18－21，45－49，51－67，69，71－

74，76，78－96，98，99，102－108，110－113，115－121，123－130，132－148，150，151，153，154

市场导向　20，43，55，59，69，70，74，84，85，87－90，92

市场关系　55，57，62－64，69，70，73，74，108－110，114，118，119，122－124

收敛效度　87，88，99，114，133

问卷　8－11，18，43，67－69，73－76，87，96，108，127，154

消费者导向　62，95，148

消费者定位　57，61，69，71，74，96－105，145，151

消费者卷入度　9，15，63，64，67，71，72，74，108，112，113，115，120－123，127，131－134，138－141，146，147

消费者忠诚度　57，58，67，72－74，128，130，131，134－141，146，147

效度　87－89，99－101，113－115，133

新兴市场　6－8，10，11，14，18－20，40－42，51，54，55，57，60－62，68，69，76，96，98，104－106，118，119，124，144，145，149

信度　87，88，99，100，113－115，133－135

行为效应链　7，19，55－57

验证性因素分析　87，89，99，100，133，134

异质性差异　20

运行机理　6，7，10，11，19，55－57，62

运行机制　7，9，11，55，59，61，62，66，125，127，140

知名度　7，10，18，20，58，65，127，128，142－144

直接效应　12，62，90，102，103，116，117，135－137

中等收入陷阱　2

中国产品海外形象　2，4，6－8，10，11，15，16，18－20，53－56，59，66，69，73，76，80，81，83，84，88－93，95，104，114，117，123，127，136，137，144，145，147－151

中国制造2025　6，18，19

中介变量　12－15，20，60－64，67，71，99，102，104，122，136

中介效应　12，13，59，61－64，66，67，89，97，98，102－

104，116，118，135，136

资金运作链　7，19，55-57

总效应　12，90，102，103，116-118，135-138

走出去　2，3，5，7，10，16，18，19，21，51，91，93，94，119，124，148，150，153

后　　记

很感慨，在这一领域研究数年后完成这部作品。拙作的完成，标志着对这些年研究内容的小小总结，也意味着新的研究征程的开始。最近的一年多里伴随着撰写整理本书的是海外经历和疫情期间的线上教学，以及期间的起起伏伏、悲喜得失，今天想来仍唏嘘不已。所幸我依然坚持着自己，坚持着自己的学术信仰和方向。

生活是一位睿智的长者，它常常春风化雨，润物无声地为我们指点迷津，无论是人生岔路口的重要节点，抑或是一部作品的选题，都离不开生活无形中交给你我的机会和选择。本书是我整个博士研究生涯的倾心总结．从懵懂无知的踏上科研路，到初尝学术带来的静心和成就，再到学术和教学成为我的毕生追求，一路走来最离不开的，便是我的博士生导师林汉川教授的指导和教诲。感谢您给我的锻炼机会和充分信任，以及在逻辑思维、本书写作等方面对我潜移默化和言传身教的影响；感谢您在学习、工作、生活上给予我的指导、帮助和关怀；感谢您高屋建瓴的思路、严谨的学风以及详细的指导意见给我的启发，毕生受益。您不仅仅是恩师，更是家人。

拙作的完成也离不开更多人的倾心帮助和支持，请允许我感谢纽约城市大学的 Yan（Heidi）Zhao 教授，哥伦比亚大学的 Greg Jensen 教授、Gita Johar 教授和 Donald Green 教授，我的合作者威廉姆帕特森大学的 Fuan Li 教授，以及 Jeffrey Cornell 和那个充满幸福感的家庭，感谢你们使我在异国他乡的求学途中倍感温暖，让我体会到坚持的价值，是你们带我领略到学术的纯粹和精彩，并为我奠定扎实基础，这必将深深地影响我今后的学术道路。

感谢我的家人——我的父母和姐姐，没有你们就不会有今天的我，我一直感恩于可以拥有这样的家庭，让我的一切在你们那里都会得到理解与支持，我爱你们！

感谢我的同事，与你们一起工作，我很快乐。感谢我的好友们，一路走来，虽不常联系，但在我们需要彼此的时候，总是能及时地陪伴在身边。对数年来关心、帮助和支持过我的老师和同学们致以诚挚的谢意！

也感谢 The Mesquite Library，我在这个安静的公共图书馆完成了拙作的定稿。

感恩我可以如此幸运，一路遇见诸多如你们一样的恩师和益友。

一个人的成长绝不是一件孤立的事，我感谢可以有这样一个机会和空间，在数年精心研究完成本书后，让我对所有给予我关心、帮助的人说声谢谢！今后，我会怀着这份感恩和对学术的敬畏砥砺前行，好好学习，好好工作，好好生活，不负生命的馈赠和科研的精彩美妙。

愿可以遇见更好的自己。

张思雪
2022 年 3 月